常见同形词近形词词典

傅玉芳 编

上海大学出版社
·上海·

图书在版编目(CIP)数据

常见同形词近形词词典/傅玉芳编. —上海：上海大学出版社，2023.2
 ISBN 978-7-5671-4608-2

Ⅰ.①常… Ⅱ.①傅… Ⅲ.①汉语—同形词—词典 Ⅳ.①H136.2-61

中国国家版本馆CIP数据核字(2023)第019033号

责任编辑　陈　强
封面设计　倪天辰
技术编辑　金　鑫　钱宇坤

常见同形词近形词词典

傅玉芳　编

上海大学出版社出版发行
(上海市上大路99号　邮政编码200444)
(https://www.shupress.cn　发行热线 021-66135112)
出版人　戴骏豪

*

南京展望文化发展有限公司排版
上海东亚彩印有限公司印刷　各地新华书店经销
开本 890mm×1240mm　1/64　印张 6　字数 240千
2023年2月第1版　2023年2月第1次印刷
ISBN 978-7-5671-4608-2/H·411　定价　26.00元

版权所有　侵权必究
如发现本书有印装质量问题请与印刷厂质量科联系
联系电话: 021-34536788

凡 例

一、本词典共收录现代汉语中常见并容易混淆的同形词近形词词组约1 120组,共收词目约2 250个,供广大读者查检使用。

二、本词典条目以成组方式呈现,每组内容包括同形词近形词词组、词目、注音、词性、释义、例句六个部分。

1. 同形词近形词词组:由两个或两个以上词形相同或相近的词组构成。

2. 词目:同形词或近形词词组中的每个词单独立目。

3. 注音:词目用汉语拼音注音,四声标调,不标变调。

4. 词性:用"[ ]"注明每个词的词性。如果同一词目有两种或两种以上的词性时,则以①②……分列。

5. 释义:以现代汉语常见、常用为释义范围并参照《现代汉语词典》,释义力求通俗易懂。如果同一词目有两种或两种以上的意义时,则以①②……分列解释。

6. 例句:每个词目均附有例句,例句注重实用性,例句中以"~"代替相应词目。

三、本词典按每组词第一个字的汉语拼音顺序排列,读音相同的,则按笔画顺序排列。

四、为便于读者查检使用,本词典正文前有"词目音序索引",按成组方式编排。

词目音序索引

A

哀婉	哀怨	1
砐砐	皑皑	1
蔼蔼	霭霭	1
安保	保安	2
安适	安恬	2
按例	案例	2
暗暗	黯黯	3
暗暗	惜惜	3
暗淡	黯淡	3
暗房	暗访	4
暗合	暗盒	4
暗黑	黯黑	4
暗黑	黑暗	4
坳口	拗口	5

B

巴结	结巴	6
吧嗒		6
吧唧		6
把子	靶子	7
把子		7
罢了		8
霸道		8
白板	白版	8
白鹳	白鹤	8
白话		9
白灰	灰白	9
白鹭	白露	9
白银	银白	10
摆设		10
班班	斑斑	10
扳本	版本	11
扳子	板子	11
颁发	频发	11
板面	版面	12
板式	版式	12

办法	法办	12	报怨	抱怨	19
办公	公办	12	抱冤	抱怨	20
半生	伴生	13	暴发	爆发	20
半音	伴音	13	暴露	曝露	20
伴同	伴伺	13	背子	背字	20
帮子	梆子	13	背子	褙子	21
榜书	谤书	14	背后	后背	21
傍边	旁边	14	倍加	加倍	21
棒杀	捧杀	15	本草	草本	21
包含	饱含	15	本色		22
包揽	饱览	15	本事		22
包养	抱养	15	本文	文本	22
包衣	胞衣	16	本戏	戏本	23
包子	雹子	16	本性	本姓	23
孢子	狍子	16	本原	本源	23
褒贬		17	本原	原本	24
保镖	保镖	17	本子	本字	24
保户	保护	17	崩崩	嘣嘣	24
保洁	保结	18	迸发	进发	25
保湿	保温	18	逼进	逼近	25
报酬	酬报	18	鼻疽	鼻祖	25
报警	警报	18	笔下	下笔	25
报送	送报	19	闭关	关闭	26
报喜	喜报	19	辟邪	避邪	26

避讳		26
鞭策 鞭笞		27
褊狭 偏斜		27
变量 量变		27
变形 变型		28
变质 质变		28
便宜		28
辨明 辩明		28
辨证 辩证		29
标会 标绘		29
彪彪 滮滮		29
镖客 嫖客		30
别人		30
别子		30
宾服		31
冰溜 溜冰		31
冰霜 冰箱		31
兵工 工兵		31
兵民 民兵		32
秉正 秉政		32
病原 病源		32
病征 病症		33
播种		33
泊船 船舶		33
博采 博彩		33
搏命 薄命		34
不单 不惮		34
不防 不妨		34
不假 不暇		35
不解 不懈		35
不堪 不甚		35
不详 不祥		36
不肖 不屑		36
不要 要不		36

C

才力 财力		37
才气 财气		37
裁缝		37
采光 光彩		38
菜青 青菜		38
菜油 油菜		38
蚕食 吞食		39
残废 残疾		39
仓位 舱位		39
苍苍 沧沧		39
操刀 操切		40
糟糕 糟糕		40

草皮	皮草	40	炒手	妙手	47
草药	药草	41	车篷	篷车	47
侧目	目测	41	撤退	撤腿	48
茶花	花茶	41	辰光	晨光	48
喳喳		41	辰星	晨星	48
查房	查访	42	辰星	星辰	49
查检	检查	42	陈醋	陈酿	49
查考	考查	42	陈粮	陈酿	49
查清	清查	43	陈情	陈请	49
汊子	杈子	43	琤琤	铮铮	50
岔道	道岔	43	成才	成材	50
差事		43	成服	诚服	50
差使		44	成心	诚心	51
拆散		44	成形	成型	51
柴火	火柴	44	澄净	澄静	51
产出	出产	45	澄清		51
产生	生产	45	吃口	口吃	52
产物	物产	45	迟延	延迟	52
孱孱	潺潺	45	赤子	赤字	52
长话	长活	46	冲冲	忡忡	53
常住	常驻	46	重重		53
畅通	通畅	46	重创		53
抄手	炒手	47	重读		54
朝阳		47	重申	重审	54

重洋	重样	54	**D**		
抽打		54			
酬应	应酬	55	答应	应答	62
出发	发出	55	搭帮		62
出防	出访	55	搭配	配搭	62
出家	出嫁	56	达到	到达	63
出境	出镜	56	打开	开打	63
出逃	出挑	56	打泡	打炮	63
出演	演出	56	打铁	铁打	63
出展	展出	57	打样	打烊	64
初年	年初	57	大方		64
传单	单传	57	大夫		64
传言	言传	58	大气		65
创口	疮口	58	大人		65
窗纱	纱窗	58	大洋	大样	65
捶打	锤打	58	大爷		66
淳厚	醇厚	59	大意		66
婵婵	绰绰	59	大旨	大指	66
伺候	侍候	59	带领	领带	66
从征	从政	59	贷款	货款	67
匆匆	葱葱	60	担负	负担	67
粗厉	粗砺	60	单子	单字	67
蔟蔟	簇簇	60	蛋青	蛋清	68
崔巍	崔嵬	60	弹子	子弹	68

当年		68
当日		69
当时		69
当头		69
珰珰 铛铛		70
挡子 档子		70
叨叨 忉忉		70
导向 向导		70
导引 引导		71
倒车		71
倒手 到手		71
倒账 到账		72
倒数		72
得了		72
德行		73
登场		73
等分 等份		73
低湿 低温		73
低层 底层		74
低下 底下		74
堤防 提防		74
滴答		75
地道		75
地方		75
地里 地理		76
地下		76
点心		76
点种		76
玷污 沾染		77
垫圈		77
癫子 癞子		77
钓鱼 鱼钩		78
调拨		78
调配		78
调式 调试		78
调头		79
喋喋 踝踝		79
定规		79
定规 规定		79
定刑 定型		80
东西		80
动手 手动		80
斗箕 斗笠		81
动摇 摇动		81
陡然 徒然		81
陡增 徒增		82
肚子		82
度过 渡过		82

端详		83
煅烧	锻炼	83
对面	面对	83
对头		83
对应	应对	84
对证	对症	84
多少		84
垛口		85
垛子		85
堕落	坠落	85

F

发挥	挥发	86
发配	配发	86
发行		86
发蒙		87
发生	生发	87
发送		87
发源	发愿	87
番番	翻翻	88
反叛		88
反响	反向	88
反正	反证	88
犯规	规范	89
犯疑	疑犯	89
方向		90
方丈		90
芳名	芳茗	90
防暴	防爆	91
放情	放晴	91
飞腾	腾飞	91
菲菲	霏霏	91
狒狒	沸沸	92
废物		92
废止	废址	92
分辨	分辩	93
分汊	分权	93
分列	分裂	93
分争	纷争	93
分子		94
芬芬	纷纷	94
分子	份子	94
风光		95
风头		95
伏帖	伏贴	95
扶养	抚养	96
付款	附款	96
负心	贞心	96

妇道		96
复议 腹议		97

G

嘎巴		98
嘎嘎		98
嘎嘎 戛戛		98
杆子		99
杆子 秆子		99
柑橘 橘柑		99
赶场		100
干事		100
刚要 纲要		100
戆头戆脑 憨头憨脑		100
高新 高薪		101
杲杲 杳杳		101
告诉		101
格格		102
歌颂 颂歌		102
隔断		102
隔膜 膈膜		103
跟前		103
跟前 眼前		103
哽塞 梗塞		104
工读 攻读		104
工夫 功夫		104
工力 功力		105
工人 人工		105
工效 功效		105
工业 功业		105
工用 功用		106
公差		106
公安 公案		106
公道		107
公里 公理		107
公元 公园		107
公正 公证		108
共事 供事		108
勾通 沟通		108
构置 购置		108
咕唧		109
咕噜		109
呱呱		109
姑娘		109
姑爷		110
故世 世故		110
故事		110
故事 事故		111

雇佣 雇用		111
怪癖 怪僻		111
乖乖		112
关说 关税		112
官价 官阶		112
光火 火光		112
光荣 荣光		113
光束 光速		113
犷野 旷野		113
规整 规正		114
规正 正规		114
咕咕 蝈蝈		114
果子 粿子		115
裹脚		115
过度 过渡		115
过房 过访		115
过话 过活		116
过虑 过滤		116

H

海拔 海报		117
海难 海滩		117
领联 颈联		117
行道		118
豪横		118
好事		118
号外 外号		119
浩浩 皓皓		119
合计		119
合龙 合拢		120
合子		120
合子 盒子		120
和平 平和		120
河梁 河渠		121
恒湿 恒温		121
横波 横渡		121
哄哄 烘烘		122
红火 火红		122
红云 红运		122
后幅 后福		122
后晌		123
呼号		123
呼噜		123
忽忽 嗯嗯		124
忽闪		124
护养 养护		124
花工 花功		124
花费		125

花境	花镜		125	会悟	会晤	132
花境	化境		125	会议	议会	132
花盆	盆花		126	会社	社会	133
花期	花旗		126	会堂	堂会	133
花蕊	花心		126	会商	商会	134
花哨	花销		127	荤话	浑话	134
花眼	眼花		127	活活	活活	134
滑溜	滑熘		127	活口	活扣	134
化简	简化		127	活路	活络	135
画工	画功		128	火花	火化	135
话口	活口		128	火剪	火箭	135
怀抱	环抱		128	火炕	火坑	136
还原	还愿		129	火龙	火笼	136
幻景	幻境		129	火炉	炉火	136
换挡	换档		129	火烧		137
换发	焕发		130	火烧	烧火	137
涣涣	焕焕		130	伙同	同伙	137
涣然	焕然		130	或然	惑然	138
荒乱	慌乱		130	霍霍	嚯嚯	138
黄芪	黄芩		131			
遑遑	惶惶	煌煌	131	**J**		
回访	回放		131			
回还	回环		132	讥诮	机俏	139
回来	来回		132	机理	肌理	139
				机枪	枪机	139

机体	肌体		140
机心	机芯		140
犄角			140
及其	极其		141
及至	极致		141
岌岌	汲汲	伋伋	141
棘手	辣手		142
集齐	齐集		142
藉藉	籍籍		142
挤挤	济济		143
计数			143
计算	算计		143
记工	记功		143
记恨	忌恨		144
记录	纪录		144
记事	纪事		144
加仓	加仑		145
家养	养家		145
驾驶	驾驭		145
尖峭	尖削		145
坚忍	坚韧		146
煎煎	剪剪	蔪蔪	146
见绌	拙见		146
见习	习见		147
兼收	歉收		147
饯行	践行		147
毽子	腱子		147
交合	胶合		148
交结	胶结		148
交游	郊游		148
娇美	姣美		148
娇气	骄气		149
娇纵	骄纵		149
姣好	较好		149
矫情			149
佼佼	皎皎		150
矫正	校正		150
教龄	教令		150
结果			151
秸秆	桔梗		151
接防	接访		151
接连	连接		151
节气	气节		152
解难			152
界外	外界		152
借代	借贷		152
借景	借镜		153
金榜	金镑		153

尽量		153	决口 口诀	160
紧要	要紧	154	决议 议决	160
锦衣	棉衣	154	掘起 崛起	160
进来	近来	154	军工 军功	161
进行	行进	155	军官 军管	161
近乎		155	军龄 军令	161
浸沉	浸没	155	军棋 军旗	161
经幢	经幡	155	君主 郡主	162
惊醒		156	俊俏 峻峭	162
精练	精炼	156		
精神		156	**K**	
精装	精壮	157	开发	163
警诫	警械	157	开方 开放	163
警钟	警种	157	开花 开化	163
径行	行径	157	开火 开伙	164
径直	直径	158	开交 开胶	164
竞买	竞卖	158	开旷 开矿	164
迥然	炯然	158	开列 开裂	165
狙击	阻击	158	开通	165
举例	列举	159	开展 展开	165
涓涓 娟娟 猞猞 朢朢		159	开张 开账	166
卷子		159	开张 张开	166
眷恋	眷念	160	看重 着重	166
			亢旱 抗旱	166

考期 期考		167
考问 拷问		167
客官 客管		167
空挡 空当		168
空乏 空泛		168
空空 啌啌		168
空心		169
倥侗 崆峒		169
空闲 闲空		169
口角		169
口形 口型		170
枯涩 苦涩		170
苦工 苦功		170
库藏		171
块块 快快		171
快手 手快		171
狂劲		171
旷场 矿场		172
旷工 矿工		172
骙骙 睽睽		172
溃乱 愦乱		172

L

拉手		173
辣手 手辣		173
来历 历来		173
来路		174
来路 末路		174
来日 日来		174
烂泥 泥烂		175
郎当 锒铛		175
琅琅 硠硠 朗朗 烺烺		175
劳动		176
牢稳		176
老成 老诚		176
老公		177
老花 老化		177
老娘		177
老区 老妪		178
佬佬 姥姥		178
累累		178
崚崚 棱棱		179
棱角 菱角		179
冷冷 泠泠		179
冷战		180
离离 漓漓		180
离弃 离异		180

礼宾	礼兵		181
理事	事理		181
历历	厉厉		181
呖呖	沥沥		181
利害			182
利权	权利		182
连接	链接		182
联结	联络		182
连连	涟涟		183
廉正	廉政		183
恋栈	恋战		183
练字	炼字		184
嘹嘹	缭缭	燎燎	184
列强	强烈		184
烈烈	裂裂		185
林林	淋淋		185
粼粼	嶙嶙	潾潾 璘璘	
辚辚	磷磷	鳞鳞	185
凛冽	凛烈		186
泠泠	玲玲	聆聆	186
流芳	流放		187
流失	流矢		187
溜溜	遛遛		187
龙头	笼头		188
笼子			188
拢子	笼子		188
娄子	篓子		189
露头			189
璱璱	碌碌	睩睩	189
路经	路径		190
路线	线路		190
漉漉	辘辘		190
屡屡	缕缕		191
伦次	轮次		191
伦理	论理		191
罗锅			192
罗网	网罗		192
落座	坐落		192

M

马上	上马		193
埋没	埋设		193
买单	卖单		193
买点	卖点		194
买好	卖好		194
买主	卖主		194
曼曼	蔓蔓	漫漫 慢慢	195

曼延 蔓延 漫延	195	面前 前面	202
谩骂 漫骂	195	面世 世面	202
漫步 慢步	196	面市 市面	203
忙活	196	渺渺 缈缈	203
莽莽 漭漭	196	名牌 铭牌	203
毛估 毛咕	197	明净 明静	204
毛皮 皮毛	197	明里 明理	204
眉目	197	明说 说明	204
妹妹 姊姊	198	明文 文明	205
闷沉沉	198	明显 显明	205
闷闷	198	冥冥 溟溟	205
闷气	199	暮然 漠然	206
门道	199	木板 木版	206
门房 门扉	199	目眩 炫目	206
蒙眬 曚眬 朦胧	199		
蒙蒙 朦朦	200		

N

咪咪 眯眯	200	哪儿 那儿	207
眯糊 迷糊	200	哪个 那个	207
弥撒 弥散	200	哪里 那里	207
密召 密诏	201	哪些 那些	208
免去 免却	201	哪样 那样	208
免役 免疫	201	男人	208
面坊 面访	202	难处	209
面糊	202	难受 受难	209

讷讷 呐呐		209
泥泥 昵昵		209
年青 青年		210
年时		210
年幼 幼年		210
黏涎 黏液		210
镊取 摄取		211
凝冻 凝练		211
扭结 纽结		211
农药 药农		212
哝哝 浓浓		212
浓洌 浓烈		212
浓艳 秾艳		212
女人		213
诺诺 喏喏		213

O

偶合	耦合	遇合	214

P

怕生 生怕	215
拍手 手帕	215
拍档 排档	215
排挡 排档	216
排诋 排抵	216
排头 头排	216
盘亘 盘桓	216
盘诘 盘结	217
盘算 算盘	217
盘子 盆子	217
磐石 石磬	218
旁征 旁证	218
泡子	218
狍子 袍子	218
胚胎 坯胎	219
配合	219
怦怦 砰砰	219
皮肉 肉皮	220
片子	220
偏方 偏房	220
偏好	221
偏偏 翩翩	221
翩跹 蹁跹	221
漂荡 飘荡	222
漂浮 飘浮	222
漂漂 飘飘	222
漂移 飘移	223
漂游 飘游	223

贫油	贫铀	223		**Q**	
品名	品茗	223			
平板	平版	224	妻子		232
平定	评定	224	凄迷	萋迷	232
平分	评分	224	凄凄	萋萋	232
平级	评级	224	戚戚	喊喊	233
平价	评价	225	期间	其间	233
平靖	平静	225	期限	限期	233
平叛	评判	226	期中	其中	233
平生	生平	226	期中	中期	234
平摊	摊平	226	奇兵	骑兵	234
平心	心平	227	棋手	旗手	234
平整	平正	227	棋子	旗子	235
评价	评介	227	起火		235
评书	书评	228	气血	血气	235
评述	述评	228	汽水	水汽	236
迫降		228	汽油	油气	236
破例	破裂	229	器乐	乐器	236
扑打		229	千斤		236
扑棱		229	千千	芊芊	237
扑扑	仆仆	230	千秋	秋千	237
扑腾		230	千万	万千	237
铺盖		230	扦子	钎子	238
匍匐	葡萄	231	牵掣	牵制	238

前方 前房		238
前例 前列		239
前提 提前		239
欠缺 缺欠		239
呛呛		239
呛呛 跄跄		240
枪手 抢手		240
枪手 手枪		240
强度 强渡		240
抢工 抢攻		241
切记 切忌		241
切口		241
切切		242
切切 窃窃		242
亲征 亲政		242
青白 清白		243
青青 清清		243
青丝 情丝		243
青天 天青		244
轻贱 轻浅		244
轻缓 轻暖		244
倾倒		244
清场 情场		245
清净 清静		245
清朗 晴朗		245
清亮		246
清算 算清		246
清整 清正		246
情调 调情		247
求教 求救		247
祛除 去除		247
全体 全休		247
劝驾 劝架		248

R

冉冉 苒苒			249
嚷嚷 瀼瀼 穰穰 攘攘			249
壤土 土壤			250
热买 热卖			250
人家			250
人流 人流			251
人世 世人			251
人手 入手			251
人为 为人			251
人性			252
人证 证人			252
仁义			252

日班	日斑		253	商情	墒情	259
溶化	熔化		253	上调		260
溶剂	熔剂		253	上房	上访	260
溶解	熔解		253	上色		260
融合	融洽		254	上水		260
柔合	糅合		254	上头		261
肉头			254	梢梢	稍稍	261
如期	如其		255	赊买	赊卖	261
蠕动	蠕动		255	申领	申令	262
嚅嚅	濡濡	蠕蠕	255	升腾	腾升	262
入境	入镜		256	生手	手生	262
入围	入闱		256	生意		262
入主	入住	入驻	256	诗史	史诗	263
				石板	石版	263
S				石礅	土墩	263
散工			257	时令		264
丧气			257	实事	事实	264
搔痒	瘙痒		257	实务	务实	264
扫描	扫瞄		258	实在		264
纱布	砂布		258	实证	实症	265
山岚	山峦		258	实证	证实	265
扇动	煽动		258	拾取	拾趣	265
讪讪	赸赸		259	世故		266
商行	行商		259	式样	试样	266

事物	物事	266	私话	私活	273
试探		266	斯文		274
收敛	收殓	267	厮打	撕打	274
手松	松手	267	死期	死棋	274
手下	下手	267	松散		275
手作	作手	268	送检	送殓	275
受奖	授奖	268	嗖嗖	飕飕	275
受累		268	夙怨	夙愿	275
受命	授命	269	薮薮	簌簌	276
受权	授权	269	随心	遂心	276
受用		269	随意	遂意	276
书坊	书房	269	孙子	子孙	277
书证	证书	270			
倏然	翛然	270	**T**		
梳理	疏理	270			
树种	种树	271	他们	她们	278
刷洗	涮洗	271	坦露	袒露	278
率真	率直	271	毯子	毡子	278
双响	双向	271	炭化	碳化	279
水氽	油氽	272	陶陶	淘淘	279
水粉	水分	272	特务		279
水磨		272	提拔	题跋	280
说道		273	提词	题词	280
私房		273	提干	题干	280
			提花	题花	281

提名	题名	281	土地		288
体检	体验	281	团圞	团圆	288
体形	体型	282	团员	团圆	288
体液	液体	282	退火	退伙	289
天姿	天资	282	蜕皮	脱皮	289
恬静	甜净	282	煺毛	褪毛	290
恬美	甜美	283	屯聚	囤聚	290
条文	条纹	283	屯粮	囤粮	290
岧岧	迢迢	283			
调谐	谐调	283	**W**		
铁纱	铁砂	284			
听证	听政	284	哇哇	娃娃	291
亭亭	婷婷	284	外传		291
停板	停版	285	外道		292
停火	停伙	285	外家	外嫁	292
同行		285	外路	外露	292
同性	同姓	286	蜿蜒	婉婉	293
同一	一同	286	宛转	婉转	293
铜板	铜版	286	微渺	微妙	293
统一	一统	286	温和		293
头领	头颅	287	文理	纹理	294
图板	图版	287	文气		294
图书		287	文饰	纹饰	294
途经	途径	288	嗡嗡	蓊蓊	295
			无方	无妨	295

无辜	无故	295		星星		302
无瑕	无暇	296		猩猩	惺惺	302
武工	武功	296		刑法		303
物象	物像	296		行经	行径	303
				行使	行驶	303
	X			兄弟		304
悉数		297		休书	修书	304
嘻嘻	嬉嬉	297		休学	修学	304
媳妇		297		休养	修养	305
细纱	细砂	298		休业	修业	305
侠义	狭义	298		休整	修整	305
下水		298		修整	修正	305
下乡	乡下	298		修整	整修	306
先例	先烈	299		畜养	蓄养	306
闲静	娴静	299		选才	选材	306
相像	想象	299		学力	学历	306
消减	削减	300		徇情	殉情	307
消夜	夜宵	300				
萧萧	潇潇	300			**Y**	
小子		300		烟火		308
邪行		301		淹埋	掩埋	308
心机	心肌	301		严峻	严凌	309
心里	心理	301		严整	严正	309
信史	信使	302		言语		309

言语	语言	309	一瓢	一飘	317
颜色		310	一垧	一晌	317
佯装	洋装	310	一支	一枝	317
养气	氧气	310	一柱	一炷	318
养生	养性	311	依靠	倚靠	318
摇摇	遥遥	311	怡人	贻人	318
药方	药房	311	以至	以致	318
业主	主业	312	异形	异型	319
叶枝	枝叶	312	异性	异姓	319
夜莺	夜鹰	312	异义	异议	319
一班	一斑	313	浥浥	悒悒	320
一杯	一抔	313	意见	臆见	320
一发		313	意想	臆想	320
一幅	一副	313	因缘	姻缘	321
一行		314	殷殷		321
一晃		314	引种		321
一火	一伙	314	隐避	隐僻	321
一经	一径	315	隐忿	隐忌 隐忍	322
一棵	一颗	315	营生		322
一例	一列	315	喁喁		322
一篓	一缕	315	用工	用功	323
一片	一片	316	用人		323
一盘	一盆	316	尤其	犹其	323
一蓬	一篷	316	邮品	油品	323

邮箱	油箱		324
油彩	油菜		324
油黑	油墨		324
淤血			325
园圃	园囿		325
园子	圆子		325
原形	原型		326
原意	愿意		326
圆周	周圆		326
远方	远房		326
怨望	愿望		327
院子	垸子		327
芸芸	沄沄 纭纭 耘耘		327
陨灭	殒灭		328
运动			328
运气			328
运转	转运		328

Z

杂税	杂说	330
赃物	脏物	330
造化		330
增值	增殖	331
占地	战地	331
占线	战线	331
丈夫		332
丈人		332
照应		332
振荡	震荡	332
振动	震动	333
针眼		333
征候	症候	333
征招	征召	334
睁睁	铮铮	334
蒸气	蒸汽	334
整风	正风	335
整式	正式	335
整数	正数	335
整体	整休	335
整休	整修	336
正当		336
正规	正轨	336
正论	政论	336
正体	政体	337
正直	正值	337
支出	支绌	337
指正	指证	338

至死	致死	338	姿态	恣意	342
重话	重活	338	资力	资历	342
主持	住持	338	孳生	滋生	342
住地	驻地	339	自持	自恃	343
专机	转机	339	自己	自已	343
专卖	转卖	339	自然		343
专业	转业	340	自传	自转	344
专注	转注	340	总览	总揽	344
转动		340	走进	走近	344
转向		341	作法	做法	344
转载		341	作乐		345
庄家	庄稼	341	作难		345
琢磨		342	做工	做功	345

哀婉　哀怨

【哀婉】āiwǎn　[形]声音悲伤而婉转。**例**：这首歌她唱得～动人。

【哀怨】āiyuàn　[形]因委屈而悲伤怨恨。**例**：蔡文姬把心中所有的不舍都化成了音符,～的琴声令人动容。

皑皑　皑皑

【皑皑】ái'ái　[形]高峻的样子。**例**：红军战士翻越了～的雪山,跋涉了渺无人烟的草原。

【皑皑】ái'ái　[形]雪、霜等洁白的样子。**例**：天上乌云密布,山上白雪～。

蔼蔼　霭霭

【蔼蔼】ǎi'ǎi　①[形]树木茂盛的样子。**例**：勘察队员们所住的小木屋位于树木～的山上。②[形]昏暗的样子。**例**：水阔云低,天色～。

【霭霭】ǎi'ǎi　[形]云烟密集的样子。**例**：我登上黄山顶峰,只见山下云雾~。

安保　　保安

【安保】ānbǎo　[形]安全保卫。例:国际马拉松赛~工作会议正在举行。

【保安】bǎo'ān　①[动]保卫治安。例:这家服务公司长期为世界500强企业提供~服务。②[动]保护人身安全,防止在生产过程中发生人身事故。例:上级管理部门要求每家企业都必须制定严格的~制度。③[名]保安员,是维护社会治安的一个群体。例:两名~正在工地上巡逻。

安适　　安恬

【安适】ānshì　[形]安乐舒服;安静舒适。例:一个老城,有山有水,全在天底下晒着阳光,暖和~地睡着,只等春风来把它们唤醒,这难道不是个理想的境界吗?

【安恬】āntián　[形]安逸恬适。例:鼓岭秀丽的田园风光、人们~的生活方式,让加德纳一直把它视作自己的家乡。

按例　　案例

【按例】ànlì　[副]按照惯例。例:每到年底,我们都~回顾并盘点电影、电视、音乐、演艺……在过去的365天的日出日落中,有哪些重大事件。

【案例】ànlì　[名]已有的可作典型事例的案件。例:这个~非常耐人寻味。

暗暗　黯黯

【暗暗】àn'àn ①[形]黑暗;光线弱。例:～长夜何时明。②[形]幽静的样子。例:树影婆娑,夜色分外～。③[形]私下里;悄然地。例:他～下定决心一定要早日完成任务。

【黯黯】àn'àn ①[形]阴沉、昏暗的样子。例:望着～的烛影,他不禁思绪万千。②[形]沮丧、忧愁的样子。例:她仰望着天花板,只觉得～忧愁,横空而来。

暗暗　愔愔

【暗暗】àn'àn ①[形]黑暗;光线弱。例:～长夜何时明。②[形]幽静的样子。例:树影婆娑,夜色分外～。③[形]私下里;悄然地。例:他～下定决心一定要早日完成任务。

【愔愔】yīnyīn ①[形]和悦、安舒的样子。例:琴房里传出一阵～的琴声。②[形]悄寂的样子。例:庭院～人悄悄。

暗淡　黯淡

【暗淡】àndàn ①[形]光线昏暗。例:球场内的灯光非常～,简直无法进行比赛。②[形]色泽不鲜艳。例:超市的货架上空荡荡的,商品没有摆满,装潢和色彩也都相当～。③[形]没有前途;毫无希望。例:他认为在小公司工作前景～,不会有大的发展。

【黯淡】àndàn [形]阴沉;昏暗。例:天色～,好像要下雨了。

暗房　　暗访

【暗房】ànfáng　[名]有遮光设备的房间。**例**：照片底片需要在～里冲洗。

【暗访】ànfǎng　[动]暗中观察、访问。**例**：经过～,他们掌握了大量内幕。

暗合　　暗盒

【暗合】ànhé　[动]未经商讨而意思恰巧相合。**例**：据说他们的经验跟专家的学说很有～的地方。

【暗盒】ànhé　①[名]放置没有曝光或未冲洗胶卷的有遮光作用的小盒子。**例**：胶卷和感光片都应放在～里。②[名]暗地里的盒子,包括房间内电话、电视、网络暗接的线盒。**例**：这堂课专门讲解插座开关接线～安装施工问题。

暗黑　　黯黑

【暗黑】ànhēi　[形]黑暗;没有光线。**例**：矿工们在～而危险的矿洞里爬上爬下。

【黯黑】ànhēi　①[形]乌黑。**例**：一对浑身～的信天翁在金海湾的筑巢悬崖边飞来飞去。②[形]昏黑。**例**：爱是一盏永不～的明灯。

暗黑　　黑暗

【暗黑】ànhēi　[形]黑暗;没有光线。**例**：矿工们在～而危险的矿洞里爬上爬下。

【黑暗】 hēi'àn ①[形]没有光亮。**例**：路灯坏了,马路上一片～。②[形]形容政治反动、社会腐败。**例**：～的旧社会,劳动人民生活在水深火热之中。

坳口　　拗口

【坳口】 àokǒu [名]山间较为平坦、可以出入的地方。**例**：在山的～处有一所小学。

【拗口】 àokǒu [形]说话别扭、不顺口。**例**：这个同学造的句子很～,明显是病句。

巴结　结巴

【巴结】 bā·jie　①[动]奉承讨好,取得别人的欢心或称赞。**例**:他这样做,不仅～了上司,而且还表现了自己。②[形]做事情努力、勤奋。**例**:他觉得陶阿毛变了,懂得关心别人,干活也很～。

【结巴】 jiē·ba　①[动]口吃的通称。**例**:一着急,他～得更厉害,半天说不出一句话来。②[名]结巴的人。**例**:他是个～。

吧嗒

【吧嗒】 bādā　[拟声]形容一种双音的声响。**例**:门～一声在我们身后关上了。

【吧嗒】 bā·da　①[动]嘴唇开闭做声。表示惊奇、警告等。**例**:他～了两下嘴后便不再言语。②[动]方言。抽旱烟。**例**:他坐在一边～着叶子烟。

吧唧

【吧唧】 bājī　[拟声]形容光脚在泥里走时发出的声音或类

似的声音。例：院子的地面上全是泥浆,沾在鞋底上,走起路来会发出~~的声音。

【吧唧】bā·ji ①[动]嘴唇开闭做声。表示惊奇、警告等。例：听了对方的话,他轻轻地干咳了几声,又~了两下嘴。②[动]方言。抽旱烟。例：他不停地~着自制土烟。

把子　靶子

【把子】bǎ·zi ①[名]捆扎成一束的东西。例：仓库里堆满了秫秸~。②[量]一手抓起的数量。用于长条形物体。例：他手里拿着一~韭菜。③[量]一伙人;一群人。用于贬义。例：来了一~强盗。④[量]用于某些抽象事物。例：这个受过苦难的老人趁孙桂英正在动摇的火候上给使~劲儿,将孙桂英稳在正道。

【靶子】bǎ·zi [名]练习射击或射箭的目标。例：那时他住在陕北的一个乡村里,让警卫同志给他装置一个打靶的~。

把子

【把子】bǎ·zi ①[名]捆扎成一束的东西。例：仓库里堆满了秫秸~。②[量]一手抓起的数量。用于长条形东西。例：他手里拿着一~韭菜。③[量]一伙人;一群人。用于贬义。例：来了一~强盗。④[量]用于某些抽象事物。例：这个受过苦难的老人趁孙桂英正在动摇的火候上使~劲儿,将孙桂英稳在正道。

【把子】bà·zi [名]器物上便于用手拿的部分。例：这个茶壶～设计得很别致。

罢了

【罢了】bà·le ［助］用在陈述句的末尾,含仅此而已的意思,对句子的意思起冲淡的作用,常跟不过、无非、只是等词呼应。**例**：电子书也是书,无非是一种不同形式的书～。

【罢了】bàliǎo ［动］表示容忍,含勉强放过、暂不深究的意思。**例**：他不愿意去也就～。

霸道

【霸道】bàdào ［形］蛮横;不讲道理。**例**：这个摊主太～了。

【霸道】bà·dao ［形］猛烈;厉害。**例**：这酒真～,不能多喝。

白板　　白版

【白板】báibǎn ［名］用白色的木板或金属板等材料制成可以用彩笔在上面书写的平面。**例**：老师用彩笔在～上画了一只小猫。

【白版】báibǎn ［名］通常指书刊上没有印出文字和图表的空白处。**例**：由于装订错误,这本书中出现不少～。

白鹳　　白鹤

【白鹳】báiguàn ［名］鹳的一种。羽毛以白色为主,翅膀末端为黑色,成鸟有细长的红腿和细长的红喙。在高树或岩石上筑大型的巢,飞时头颈伸直。为食肉动物,其食性广,包括昆虫、鱼类、两栖类、爬行类、小型哺乳动物和小鸟。**例**:十月的时候,~会陆续飞往南方过冬。

【白鹤】báihè ［名］鹤的一种。羽毛白色,栖息于开阔平原沼泽草地、苔原沼泽和大的湖泊岩边及浅水沼泽地带。主要以苦草、眼子菜、苔草、荸荠等植物的茎和块根为食,也吃水生植物的叶、嫩芽和少量蚌、螺、软体动物、昆虫、甲壳动物等动物性食物。**例**:~是所有鹤类中最接近灭绝的。

白话

【白话】báihuà ①［名］没有根据或不可能实现的话。**例**:这个人老爱说~。②［名］现代汉语的书面表达形式。与"文言"相对。**例**:~是唐宋以来非常接近口语的一种书面语。

【白话】bái·hua ［动］方言。闲谈;聊天。**例**:他们几个经常在一块儿~。

白灰　　灰白

【白灰】báihuī ［名］石灰的通称。**例**:~可用来粉刷墙壁。

【灰白】huībái ［形］浅灰色。**例**:多年不见,她原先的一头乌发已经变成~色了。

白鹭　　白露

【白鹭】báilù ［名］鹭的一种。羽毛白色,腿很长,能涉水捕鱼、虾等,主要活动于湿地及林地附近。**例**:那~振翅向湖对岸慢慢飞去。

【白露】báilù [名]二十四节气之一,在9月7、8日或9日。例:～以后,天气就渐渐转凉了。

白银　银白

【白银】báiyín [名]一种金属元素,可以制货币和器皿、电子设备、感光材料、装饰品等。例:今天现货～在开盘后小幅走高。

【银白】yínbái [形]带银光的白色。例:～的月色洒落在她的脸上,使她显得更加美丽、动人。

摆设

【摆设】bǎishè [动]安放;陈设。例:展览馆里的展品～得很整齐。

【摆设】bǎi·she ①[名]陈列、安放的东西。例:玻璃橱里放着一些小～。②[名]指光有外表而无实用价值的东西。例:书籍不应该作为一种～。

班班　斑斑

【班班】bānbān ①[形]络绎不绝、盛多的样子。例:他梦里所到的地方,竟是一片康庄大道,马来车往,～不绝。②[形]文质兼备的样子。例:村人见他文质～,无不欢迎。③同"斑斑①"。

【斑斑】bānbān ①[形]斑点众多的样子。例:他们掐着指头,拨着算盘,商量一阵,争辩一阵,那份计划书已经被涂改得墨迹~了。②[形]颜色鲜艳的样子。例:这幅广告色彩~,引人注目。

扳本　　版本

【扳本】bānběn　[动]赌博时赢回已经输掉的钱财。例:他陷入传销,血本无归,为了"~",竟想出歪招组织卖淫。

【版本】bǎnběn　①[名]同一种书籍因传抄、刻版、印刷、装订等形式的不同而形成的不同本子。例:小说《红楼梦》有很多种~。②[名]同一事物的不同说法或不同的表现形式。例:关于这件事情的起因,坊间流传有不同的~。

扳子　　板子

【扳子】bān·zi　[名]拧紧或松开螺丝、螺母等的工具。例:他拿起一个大~,很快就将机器上的螺丝卸了下来。

【板子】bǎn·zi　①[名]木质板状物的通称。例:他准备用这些~做一套家具。②[名]体罚用的竹片或木板。例:渣滓洞里的刑具齐全,火钳、杆子、~、夹棍,一样都不少。

颁发　　频发

【颁发】bānfā　①[动]发布。例:该章程自~之日起执行。②[动]授予。例:结业典礼上,校长向优秀学生~奖状。

【频发】pínfā　[动]不好的事情多次发生或经常发生。例:这一路段交通事故~。

板面　　版面

【板面】bǎnmiàn　[名]木板或石板的表面。例：挑选木板时，要注意～花纹相同或相近。

【版面】bǎnmiàn　①[名]书报杂志上每一页的整面。例：这本书的～字数超过20万字。②[名]书报杂志的每一面上文字图画的编排形式。例：他将精选出的一些国外报纸的～设计，做成PPT。

板式　　版式

【板式】bǎnshì　[名]戏曲唱腔中的节拍和节奏形式。例：我国传统戏曲品种繁多，主要区别在于声腔、～的不同。

【版式】bǎnshì　[名]书报杂志版面的格式。例：～设计是现代设计艺术的重要组成部分。

办法　　法办

【办法】bànfǎ　[名]解决问题或处理事情的方法。例：造防护林是改造沙漠的有效～。

【法办】fǎbàn　[动]依法惩办。例：他因贪污腐化被逮捕～了。

办公　　公办

【办公】bàngōng　[动]处理公务。例：区信访办每天上午8点半开始～。

【公办】gōngbàn [形]国家创办的。例:今年市区计划新增四所~幼儿园。

半生　　伴生

【半生】bànshēng [名]半辈子。例:她第一次登上讲坛,用朴素而真挚的语言回顾了自己的~。

【伴生】bànshēng [动]一种次要的事物随着主要的事物一起存在。例:马庄山金矿床中的自然金,除与多金属硫化物密切共生与~外,主要脉石矿物就是石英。

半音　　伴音

【半音】bànyīn [名]把八度音划分为十二个音,两个相邻音间的音程称半音。例:"尺八"上只有5个孔,却能吹出39个~,转7个调。

【伴音】bànyīn [名]指电影、电视中根据图像配的声音。例:这部电视剧的~很好听。

伴同　　伴伺

【伴同】bàntóng [动]陪同;一同。例:他~我走了很长一段山路。

【伴伺】bànsì [动]陪伴;守候。例:他终日~着她,不敢有丝毫的懈怠。

帮子　　梆子

【帮子】bāng·zi ①[名]白菜一类的蔬菜外层叶子离根近

而较厚的部分。例：这些老菜～不能吃了。②[名]鞋帮。例：这双青布～白底布鞋,是他母亲千针万线纳起来的。③[量]群;伙。例：这～临时工干活还算凑合。

【梆子】bāng·zi ①[名]用竹子或挖空的木头制成的打更用的器具。例：二更的～响起来,清脆的声音在这静夜里显得格外响亮。②[名]梆子腔,是对一种戏曲声腔系统的总称,以梆子击节为特色而得名。例：～起源于陕西,陕西古属秦地,因此也称为秦腔。③[名]一种多用于梆子腔伴奏的打击乐器,由两根长短不同的枣木制成。例：～最早用于伴奏各种梆子腔而得名,常使用在强拍上,借以增加戏剧气氛。

榜书　　谤书

【榜书】bǎngshū [名]原指写在宫阙门额上的大字,后为招牌、匾额等上的大字的通称。例：中国书协举办全国～大展,这既是当代书法成就的一次展示,又是一种适时的引导与推动。

【谤书】bàngshū [名]诽谤或攻击他人的信件或书籍。例：这几封～中的内容充分暴露了写信人的不良用心。

傍边　　旁边

【傍边】bàngbiān [动]靠近;接近。例：因为是夜里,又下着暴雨,这个危险路段绝不能让行人～。

【旁边】pángbiān [名]左右两边或靠近的地方。例：据说在电脑～放些仙人掌之类的植物可以防辐射。

棒杀　　捧杀

【棒杀】bàngshā ［动］一种由木棒将罪犯打死的法外酷刑。也称"杖杀"。例：南北朝时的陈朝首开～先例。

【捧杀】pěngshā ［动］过分地夸奖或吹捧,使被吹捧者骄傲自满、退步甚至导致堕落、失败。例：～的厉害之处在于有些被"捧"者明知将来的下场也心甘情愿地"风光一时"。

包含　　饱含

【包含】bāohán ［动］里面含有。例：我们的进步,～着辅导员多少心血啊!

【饱含】bǎohán ［动］充满。例：这种甜橙～汁水,可以解渴。

包揽　　饱览

【包揽】bāolǎn ［动］兜揽过来并全部承担。例：政府部门不可能把各种事务都～起来。

【饱览】bǎolǎn ［动］充分地看;尽兴地看。例：我们坐在游船上,～巫山十二峰奇丽的风光。

包养　　抱养

【包养】bāoyǎng ［动］为婚外异性提供钱财、房屋等并与其保持性关系。例：他～情妇的秘密终于被妻子发现了。

【抱养】bàoyǎng [动]把人家的孩子抱来当作自己的孩子抚养。例：他终身未娶，～了一个孩子。

包衣　　胞衣

【包衣】bāoyī [名]药剂学术语。指包裹丸剂的一层糖质或胶质外皮。例：我国古代在丸剂制备上，各种炼和剂的选用和～的发明，都和现代药剂学操作原理完全相同。

【胞衣】bāoyī [名]人或哺乳动物的胎衣。例：母牛的身子微微地在动，下体出来了一点点灰色透明的东西，那是～。

包子　　雹子

【包子】bāo·zi [名]用面做皮，用菜、肉或糖等做馅包成的一种食品。例：他最爱吃上海南翔小笼～。

【雹子】báo·zi [名]冰雹的通称。例：～有鸡蛋那么大，把许多屋顶都砸烂了。

孢子　　狍子

【孢子】bāozǐ [名]某些低等动植物产生的一种有繁殖作用或休眠作用的细胞，离开母体后就能形成新的个体。例：本品是以灵芝～粉为主要原料、经过先进的科学加工工艺精制而成的营养食品。

【狍子】páo·zi [名]一种小型鹿。有竖直的圆柱形的角，尖端处分叉，基底相接近，夏季毛色赤褐，冬季灰色较多，有白色的臀盘,以行动敏捷优雅而著称。例:～的胆子非常小,不能受到一点惊吓。

褒贬

【褒贬】bāobiǎn [动]赞扬和指责。指评论好坏。例:公众对这次价格战的反应～不一。

【褒贬】bāo·bian [动]说坏话;恶意批评。例:别在背地里～别人。

保膘　　保镖

【保膘】bǎobiāo [动]使牲畜保持肥壮。例:要采取措施做好牲畜～工作。

【保镖】bǎobiāo ①[动]古代镖局接受客商委托,派遣有武艺的镖师,保护别人的财物或人身安全。例:这趟货物交由这家镖局～,一定万无一失。②[名]受雇为别人保护财物或人身安全的武艺人。例:他身后的两个～像两尊泥塑似的戳在那里,面无表情地紧紧盯着周围的每一个人。

保户　　保护

【保户】bǎohù [名]受保险合同保障的单位或个人。例:～对保险金的给付享有独立的请求权。

【保护】bǎohù [动]尽力照顾,使不受损害。例:这些孩子在地震中受到了救援队员的营救和～。

保洁　　保结

【保洁】bǎojié ［动］保持清洁。例：家庭～服务是人们提升现代生活质量的一个里程碑。

【保结】bǎojié ［动］旧时写给官府的担保他人身份、行为清白或符合某一商定的条款的文书。例：当年他的祖上邀请全村的老年人具一个～,把自己家的田抵押给村里的一个富户。

保湿　　保温

【保湿】bǎoshī ［动］保持湿度,使不干燥。例：补水～是护肤品最基础的功能。

【保温】bǎowēn ［动］保持温度,使热不散出去。例：在工业和建筑中采用良好的～技术与材料,往往可以起到事半功倍的效果。

报酬　　酬报

【报酬】bào·chou ［名］由于使用别人的劳动、物件等而付给别人的钱物。例：小李助人为乐,从来不计～。

【酬报】chóubào ［动］用财物或行动来报答。例：巨款失而复得,失主表示一定要～拾金不昧者。

报警　　警报

【报警】bàojǐng ［动］遇到危急情况时,向治安机关或有关方面发出紧急信号。例：向"110"~后,公安人员火速赶到事故现场。

【警报】jǐngbào　[名]报警的通知或信号。例：中午,气象台发布了台风~。

报送　　送报

【报送】bàosòng　[动]将文件、信息等报告并送交上级或有关部门。例：该企业的信息~工作连续七年获集团通报表扬。

【送报】sòngbào　[动]投递报纸。例：他每天负责给这个小区~。

报喜　　喜报

【报喜】bàoxǐ　[动]报告喜讯。例：孩子诞生对于一个家庭来说是件大喜事,向亲朋好友~是必不可少的礼节。

【喜报】xǐbào　[名]报告喜讯的专用书信。例：刘大妈请送~的老张快进屋,又是让座又是敬茶。

报怨　　抱怨

【报怨】bàoyuàn　[动]对自己所怨恨的人作出反应。例：你这种以怨~的态度,不利于解决问题。

【抱怨】bàoyuàn　[动]心中不满,埋怨数说别人不对之处。例：生活中~最多的人,往往也是给别人找麻烦最多的人。

抱冤　抱怨

【抱冤】bàoyuān　[动]感到冤枉。例：他为自己白白浪费了这么多钱而～。

【抱怨】bàoyuàn　[动]心中不满,埋怨数说别人不对之处。例：生活中～最多的人,往往也是给别人找麻烦最多的人。

暴发　爆发

【暴发】bàofā　①[动]突然发财得势。例：他这几年～了,又买房子又买车。②[动]突然发作。例：山洪～给这个乡的农民带来了灾难。

【爆发】bàofā　①[动]火山内部的岩浆突然冲出地壳,向四处迸发。例：这是一座活火山,每过几年就要～一次。②[动]突然发生；突然发作。例：埋藏在心中多年的愤怒终于～了。

暴露　曝露

【暴露】bàolù　[动]隐蔽的事物、缺陷、矛盾、问题等显露。例：你们不要大声说话,免得～目标。

【曝露】pùlù　[动]露在外面。例：保存这些货物要注意避光,不能～。

背子　背字

【背子】bēi·zi　[名]用来背东西的细长背篓。例：这个～是他祖上传下来的。

【背字】bèizì [名]不好的运气。例：他觉得人要是走~,什么砸锅事儿都能碰上。

背子　　褙子

【背子】bēi·zi [名]用来背东西的细长背篓。例：这个~是他祖上传下来的。

【褙子】bèi·zi [名]用碎布或旧布加衬纸裱成的厚片,多用来制布鞋。例：他小时候穿鞋挺费的,母亲一空下来便糊~给他做鞋。

背后　　后背

【背后】bèihòu ①[名]身体或物品、景色的后面。例：他躲在我的~。②[名]背地里。例：他喜欢在~议论别人。

【后背】hòubèi [名]跟胸和腹相对的部位。例：她经常感到~酸痛。

倍加　　加倍

【倍加】bèijiā [副]格外;越发。例：我们要~珍惜现在的幸福生活。

【加倍】jiābèi ①[动]在原有的基础上再增加原有的数量。例：以后我们要~努力学习。②同"倍加"。

本草　　草本

【本草】běncǎo ①[名]中药的统称。例：国内几个著名化妆品品牌得益于～的应用而深受消费者喜爱。②[名]记载中药的书籍。例：古人有大量关于中草药的著作以"～"命名。

【草本】cǎoběn ①[形]指植物有草质的茎。例：人们通常将～植物称为"草"，而将木本植物称为"树"。②[名]文稿的底本。例：他保存着这本图书的～。

本色

【本色】běnsè [名]本来的面貌。例：这是劳动人民的～。

【本色】běnshǎi [名]物品没有经过染色的原来的颜色。例：这家厂专业生产亚麻～布。

本事

【本事】běnshì [名]文学作品主题所依据的故事情节。例：他在序言中把书的～略略叙出，以供读者参考。

【本事】běn·shi [名]本领。例：青少年要从小学好～，长大为国家出力。

本文　文本

【本文】běnwén ①[名]所指的这篇文章。例：遇到房产评估费问题怎么办？～教你怎么算。②[名]原文（区别于"注解"或"译文"）。例：为了能更好地阅读这本《道德经注释》，他从图书馆找来了《道德经》～。

【文本】wénběn ①[名]文件的某种本子。也指某种文件。例：参加会谈的双方交换了～。②[名]计算机的一种文档类型,常见的文本文档的扩展名有.txt、.doc、.docx、.wps等。**例**:这款软件教你怎样将照片里的文字转换为～。

本戏　　戏本

【**本戏**】běnxì　[名]成本演出的戏曲,内容包括一个完整的故事(区别于"折子戏")。**例**:王新仓先后主演了多部新编传统～的主要角色。

【**戏本**】xìběn　[名]戏曲剧本。也叫戏本子。**例**:故宫所藏11 498册清代老～整理出版。

本性　　本姓

【**本性**】běnxìng　[名]事物原来的性质和个性。**例**:他～善良,是一个容易相处的主管。

【**本姓**】běnxìng　[名]古代姓、氏有别,同一始祖母生下的子女及其后代是一姓,称"本姓"。又名正姓。**例**:祁显达～关,父母早亡,一个人孤苦伶仃长大,十八岁上祁家入赘顶门,妻子大他五岁。

本原　　本源

【**本原**】běnyuán　[名]哲学上指一切事物的最初根源或构成世界的最根本实体。**例**:他们认为万物的～不可能是具体物,只能是一种不生不灭的永恒的存在。

【**本源**】běnyuán　[名]事物产生的根源。**例**:新闻的～是事实,新闻是事实的报道。

本原　　原本

【**本原**】běnyuán　[名]哲学上指一切事物的最初根源或构成世界的最根本实体。**例**：他们认为万物的～不可能是具体物,只能是一种不生不灭的永恒的存在。

【**原本**】yuánběn　①[名]最初的手稿(区别于印刷本的手写本或打字本)。**例**：这本书的～保存在档案馆里。②[名]初刻本。**例**：道光年间的《重修博兴县志》存在～与重刻本两种版本。③[名]翻译所依据的原书。**例**：这家出版社准备出版～《莎士比亚》。④[副]原来;本来。**例**：他～住在山东。

本子　　本字

【**本子**】běn·zi　①[名]用成沓的纸装订而成的东西。**例**：话说到一半,他从口袋里掏出一个～递给对方。②[名]书的版本。**例**：这是译者从十年来所译的近百篇的文字中选出的不很专门但大家可看之作,有望成为流传较广的～。③[名]演出的脚本。**例**：这个～将《牡丹亭》删改了许多。

【**本字**】běnzì　[名]一个字通行的写法或字义与原来的写法或字义不同,原来的写法或字义称为本字。**例**：他是古文～考释方面的专家。

崩崩　　嘣嘣

【**崩崩**】bēngbēng　[拟声]形容弹拨弦乐器所发出的声响。**例**：他认为七弦琴发出的～的声音并不好听,感觉像弹棉花。

【嘣嘣】bēngbēng [拟声]形容跳动或爆裂的声响。例：万如表面上假作镇静,心呢却～乱跳。

进发　　迸发

【迸发】bèngfā [动]由内向外突然地发出。例：长期埋在他内心的感情,一下子都～出来了。

【进发】jìnfā [动]向某个方向前进。例：登山队员向珠穆朗玛峰～。

逼进　　逼近

【逼进】bījìn [动]向前接近。例：洪峰～的时候,公路局招待所的职工家属们还在熟睡之中。

【逼近】bījìn [动]接近;靠近。例：他一路带球～球门。

鼻疽　　鼻祖

【鼻疽】bíjū [名]马、驴、骡等牲口的一种传染病。由鼻疽杆菌引起,在内脏、鼻腔黏膜和皮下形成小结节,坏死后变成溃疡,症状是流带脓的鼻涕,鼻腔内有溃斑。也能使人感染。例：农业部要求全力做好马～防控和消灭工作。

【鼻祖】bízǔ ①[名]始祖。例：黄帝是汉族的～。②[名]比喻某一学派或某一行业的创始人。例：马克思是社会主义经济学的～。

笔下　　下笔

【笔下】bǐxià ①[名]笔底下。例：我期待看见更多的人物从他的~纷纷纭纭地走上他们的人生之路。②[名]指写作时作者的措词和用意。**例**：当小说连载到二十一回,写到梨云身染重疾、危在旦夕时,读者纷纷写信给张恨水,让他~留情,免梨云一死。

【下笔】 xiàbǐ [动]开始写或画。**例**：写作文时一定要认真审题,在头脑中理清思路后再~。

闭关　　关闭

【闭关】 bìguān ①[动]封闭关口。比喻不与外界交往。**例**：我们反对~锁国的保守思想。②[动]佛教指僧人在一定期限内独居一处,专心修炼。**例**：圆通长老在少林寺~。

【关闭】 guānbì ①[动]关。**例**：小强家的门窗紧紧~着。②[动]工厂和商店等歇业。**例**：这家饭店正~休整。

辟邪　　避邪

【辟邪】 bìxié [动]辟除邪祟、邪说。多用作迷信语。**例**：迷信认为玉器是最好的~之物。

【避邪】 bìxié [动]迷信的人指用符咒等避免邪祟。**例**：中国古代的佛教文物中,有许多有关镇宅或~的物品。

避讳

【避讳】 bìhuì [动]封建时代为了维护等级制度的尊严,说话写文章时遇到君主或尊长的名字不直接说出或写出而以别的字词代替。例:据说,唐玄宗的生日是八月初五,为了~,自唐代以后便将"端五"写成"端午"了。

【避讳】bì·hui ①[动]不愿说出或听到某些会引起不愉快的字词。例:因为"舌"与"蚀"音近,为了~,屠夫常常称猪舌头为"口条"。②[动]回避。例:既然大家都是朋友,说话也就没有必要~了。

鞭策　　鞭笞

【鞭策】biāncè ①[动]鞭打;用鞭子赶马。例:在他不停的~下,枣红马腾云驾雾般地飞驰。②[动]严格督促,使其进步。例:批评是对我的爱护,表扬是对我的~。

【鞭笞】biānchī [动]用鞭子抽打。例:《碧玉簪》这部戏的主旨是~大男子主义。

褊狭　　偏斜

【褊狭】biǎnxiá [形]狭小;狭隘。例:市场炒作的巨大声浪扰乱了他们的思维,也瓦解了他们说实话、说真话的信心和勇气,他们用~的个人喜好取代了理性的思维。

【偏斜】piānxié [形]不正;倾斜。例:斜视有很多种,最常见的是眼球向内~,医学上称内斜视。

变量　　量变

【变量】biànliàng [名]数值可以变化的量。例:人民币汇率走势存在较多的~。

【量变】liàngbiàn ［名］事物在数量、程度方面的变化。例：~是质变的必要准备,质变是~的必然趋势。

变形　　变型

【变形】biànxíng ［动］形状、格式发生变化。例：车上的货物看起来并不多,但却把两副胶皮轮胎都压得有点~。

【变型】biànxíng ［动］类型发生改变。例：随着商品经济的发展和企业管理转轨~,不少企业引进国外企业的滚动式方法来编制生产计划。

变质　　质变

【变质】biànzhì ［动］人的思想或事物的本质变得与原来不同。多指朝坏的方面转变。例：天气太热,这些食物容易~。

【质变】zhìbiàn ［名］事物的根本性质的变化或质的飞跃。例：事物的发展有一个从量变到~的过程。

便宜

【便宜】biànyí ［形］方便合宜。例：我们的住所离学校很近,非常~。

【便宜】pián·yi ［形］价钱低。例：这本书价钱很~。

辨明　　辩明

【辨明】biànmíng ［动］辨别清楚。例：车上没有导航系统,晚上开车你一定要~方向。

【辨明】biànmíng ［动］辨论清楚。例：有智慧的人激烈争论是为了~真理，无知的人激烈争论是因为固执己见。

辨证　　辩证

【辨证】biànzhèng ①［动］辨别症候。例：研究并掌握这个一般规律，可以进一步更深刻地理解个别疾病的本质，从而更有效地指导~与治疗。②［动］辨析考证。例：~结构与功能的关系，为我们认识世界和改造世界提供了重要的原则和方法。

【辩证】biànzhèng ①［形］合乎辩证法。例：对待这名学生身上的问题，我们要~地加以分析。②同"辨证②"。

标会　　标绘

【标会】biāohuì ［名］一种民间信用融资行为，具筹措资金和赚取利息双重功能，通常建立在亲情、乡情、友情等血缘、地缘关系基础上，带有合作互助性质。例：由于缺乏具体法律约束，操作的随意性大，~带来了一系列不良社会后果。

【标绘】biāohuì ［动］标示绘制。例：他在勘测图上~出新矿的方位。

彪彪　　瀌瀌

【彪彪】biāobiāo ［形］颜色鲜丽的样子。例：随风而舞的经幡在雪山上~夺目。

【滮滮】 biāobiāo ［形］水流的样子。例：山林中,鸟儿啾啾,泉水~。

镖客　嫖客

【镖客】 biāokè ［名］旧时给行旅或运输中的货物保镖的人。例：旧时的~虽是客串,但对送来的心意不会拒收,也不会去收保护费。

【嫖客】 piáokè ［名］玩弄妓女的男人。例：这次扫黄运动抓了不少寻欢的~。

别人

【别人】 biérén ［名］另外的人。例：家里只有我和父亲,没有~。

【别人】 bié·ren ［代］指自己或某人以外的人。例：但我真的认为自己不适合管理~。

别子

【别子】 biézǐ ［名］古代指天子、诸侯的嫡长子以外的儿子。例：他是王府的~,是王妃最忌惮的人。

【别子】 bié·zi ①［名］线装书的套子上或字画手卷上用来别住开口的东西。多用骨制。例：他专门收藏各种~。②［名］烟袋、荷包的坠饰。例：这个~是心上人送给他的定情物。

宾服

【宾服】bīnfú [动]服从;归附。例:当年他认清了国民党跟共产党的不同,便安心~共产党抗日。

【宾服】bīn·fu [动]佩服。例:他说得句句在理,大家都~。

冰溜　　溜冰

【冰溜】bīngliù [名]雪后檐头滴水凝成的锥形的冰。例:随着气温逐渐回升,一些挂在楼顶上的~渐渐融化,给人们的生活带来诸多不便。

【溜冰】liūbīng [动]滑冰。例:他已经答应寒假中抽空教我~。

冰霜　　冰箱

【冰霜】bīngshuāng [名]比喻神色严肃。例:他的神情冷若~,令人难以接近。

【冰箱】bīngxiāng [名]冷藏食物或药品用的器具。例:卫生室有一只小~。

兵工　　工兵

【兵工】bīnggōng [名]制造武器装备的军事工业。例:郑汉涛少将是我军杰出的~专家和兵器工业领导人,曾任国防工办副主任长达十余年。

兵民　民兵

【工兵】gōngbīng　[名]军队中担任工程事务(如修桥、修路、排除地雷、修飞机场)的兵种。例：～是军队实施工程保障的技术骨干力量。

兵民　民兵

【兵民】bīngmín　[名]士兵和民众。例：毛泽东在《论持久战》中指出："～是胜利之本。"

【民兵】mínbīng　[名]不脱离生产的群众性的武装组织。例：接受检阅的除了武装部队，还有～。

秉正　秉政

【秉正】bǐngzhèng　[动]秉持公正。例：法官必须怀着高度的敬畏心来对待审判工作，必须～无私地审理案件。

【秉政】bǐngzhèng　[动]执政；掌握政权。例：明太祖朱元璋的皇后马秀英虽然并没有实际～，但她敢于劝谏皇帝的过失并提出良好的治国方略。

病原　病源

【病原】bìngyuán　①[名]病原体。即能引起疾病的微生物和寄生虫的统称。例：当发现水源不适宜时，应另找水源或将其中有毒物质及～清除后才能使用。②[名]发生疾病的原因。例：当急性炎症消退后，应及时检查并消除～，以免炎症复发。

【病源】bìngyuán　①同"病原②"。②[名]发生缺点、毛病的原因。**例**：公式化、概念化的～在于脱离生活、脱离斗争。

病征　　病症

【病征】bìngzhēng ［名］疾病在身体外部显示出来的征象。**例**：中医通过望、闻、问、切等方法来了解～，作出诊断。

【病症】bìngzhèng ［名］疾病。**例**：随着病人的增多，病种的变化，他感到针灸已不能适应各种～的需要，为此他开始了对中草药的学习和钻研。

播种

【播种】bōzhǒng ［动］撒播种子。**例**：这个农场用飞机～，速度快，质量好。

【播种】bōzhòng ［动］用播种(zhǒng)的方式种植。**例**：春天～勤奋汗水，金秋收获累累硕果。

泊船　　船舶

【泊船】bóchuán ［动］将船停靠岸。**例**：这位水手具有高超的～技术。

【船舶】chuánbó ［名］船的总称。**例**：近期将召开汛期安全暨～安全工作培训会。

博采　　博彩

【博采】bócǎi ［动］广泛地采取；广泛地采纳。**例**：清朝有一部以问答体写的书叫《天经或问》，由游艺所著，是一部～

中西的通俗天文学书籍,该书曾东传到日本。

【博彩】bócǎi [动]指赌博、摸彩、抽奖等类的活动。例:沉迷于~已使他倾家荡产。

搏命　　薄命

【搏命】bómìng [动]尽全力甚至不顾性命地干。例:他每天在建筑工地上~,就是为了能早日还清房屋贷款。

【薄命】bómìng [形]旧时形容女子命运不好,没有福分。例:大家都同情红颜~的林黛玉。

不单　　不惮

【不单】bùdān ①[副]不止。例:超额完成任务的,~是这个生产队。②[连]不但。例:他~会拆会修内燃机,还触类旁通地弄明白了机器的原理,成了一个全把式的机械师。

【不惮】bùdàn [动]不怕。例:他心理素质极好,不计较于得失,~于成败。

不防　　不妨

【不防】bùfáng ①[形]没有料想到。例:倘有~的事情发生,你们该如何应对?②[动]没有防备。例:教练告诫球员一定要乘对方~时发起进攻。

【不妨】bùfáng [副]表示可以这样做,没有什么妨碍。例:你~去碰碰运气。

不假　　不暇

【不假】bùjiǎ　①[形]确实;真的。例:都说大学是人才库、智囊团,这话一点～。②[动]不依靠;不凭借。例:～外力,他也能独自完成这项任务。

【不暇】bùxiá　[动]没有时间;忙不过来。例:近来工作～,哪有时间游玩?

不解　　不懈

【不解】bùjiě　①[动]不能解开;不能和解。例:他们两家本无～之仇,只因彼此不服输的心理,而一定要争个高低,互不相让。②[动]不懂;不理解。例:"你这么做干吗呀?"小花很～。

【不懈】bùxiè　[形]不放松。例:经过～努力,他终于掌握了这门技术。

不堪　　不甚

【不堪】bùkān　①[动]承受不了。例:一名高考学子～重负引发肝衰竭,医护人员全力挽救其生命。②[动]不能;不可。多用在不好的方面。例:一根电缆线横在天桥上,一旦漏电,后果～设想。③[形]用在有消极意义的词后面,表示程度深。例:连续多日加班,大家疲惫～。④[形]形容坏到极深的程度。例:这个人的言行太～了。

【不甚】bùshèn　[副]表示程度不很高。例:受禽流感的影响,肉鸡市场的前景～明朗。

不详　　不祥

【不详】bùxiáng　［形］不详细;不清楚。例:这封信因收件人地址～而无法投递。

【不祥】bùxiáng　［形］不吉利。例:迷信认为天上出现彗星是～之兆。

不肖　　不屑

【不肖】bùxiào　［形］不成材;不正派。例:大家都痛恨这些见利忘义的～之徒。

【不屑】bùxiè　①［形］认为不值得。例:她心里装满着高傲,对谁都是～一顾的。②［形］轻视的样子。例:他的脸上露出一种～的神情。

不要　　要不

【不要】bùyào　［副］表示禁止和劝阻。例:这件事情很复杂,你们千万～掺和进去。

【要不】yàobù　①［连］否则;不然。例:他肯定是有事走不开,～早就来了。②［连］要么。例:明天有个会议,～你参加,～老王参加。

Cc

才力　　财力

【才力】cáilì　[名]才华;能力。**例**:我辈即使～不及,不能创作,也该当学习。

【财力】cáilì　[名]经济实力。**例**:不少企业在人力不足和原材料紧缺的情况下,想方设法集中人力、物力、～,确保重点任务的完成。

才气　　财气

【才气】cáiqì　[名]才华;才能。**例**:这是个在业务上很有～的女专家。

【财气】cáiqì　[名]财运;获得金钱的运气。**例**:他把自己生意场上的失败归结为～不佳。

裁缝

【裁缝】cáiféng　[动]裁剪;缝制。**例**:这件衣服～得很合身。

【裁缝】cái·feng　[名]以缝制或拆改衣服为职业的人。

例：他母亲是～。

采光　　光彩

【采光】cǎiguāng　[动]妥善设计建筑物的结构和门窗的大小,使建筑物内部得到适宜的自然光照。**例**：修造教学楼要注意～问题。

【光彩】guāngcǎi　①[名]鲜艳的光泽。**例**：迎风飘扬的五星红旗～夺目。②[形]光荣。**例**：你取得冠军,令我们全班同学都很～。

菜青　　青菜

【菜青】càiqīng　[形]绿中略带灰黑的颜色。**例**：由于长期缺少营养,他的脸色是～的。

【青菜】qīngcài　①[名]小白菜。**例**：～中含多种营养素,富含维生素C。②[名]蔬菜的统称。**例**：秋天气候干燥,多吃点～。

菜油　　油菜

【菜油】càiyóu　[名]从油菜子中榨取的油。也叫菜子油。**例**：人体对～的吸收率很高,可达99%。

【油菜】yóucài　[名]又叫油白菜、苦菜。芸薹属植物,原产我国,其茎颜色深绿,帮如白菜,属十字花科白菜变种,花朵为黄色,种子可以榨油。**例**：～一般长在气候相对湿润的地方。

蚕食　吞食

【蚕食】cánshí　[动] 如蚕吃桑叶般一点点侵吞他国国土。例：当年日本帝国主义侵占了我国东北三省,接着又逐步~华北,妄图把侵略的魔爪伸向全中国。

【吞食】tūnshí　[动] 并吞;吞没。例：他贪得无厌,连救灾物资都敢~。

残废　残疾

【残废】cánfèi　[动] 四肢或双目等失去一部分或丧失其机能。例：他右手~,左手却很利索。

【残疾】cánjí　[名] 肢体或器官等功能方面的缺陷。例：地铁车站专设~人通道。

仓位　舱位

【仓位】cāngwèi　①[名] 投资者所持的证券金额占其资金总量的比例。例：股市有风险,一定要合理控制~。②[名] 仓库、货场等存放货物的地方。例：我们公司的仓库里已经没有~了,这批货物只能先堆放在露天。

【舱位】cāngwèi　[名] 船、飞机等舱内的铺位或座位。例：改建后的"挪威"号客轮,虽然船速降低了,但~和利润却增加了。

苍苍　沧沧

【苍苍】cāngcāng　①[形] 茫无边际的样子。例：一艘货船向着海天~的深处远航而去。②[形]颜色深绿。例：放眼望去,山上满是~的松树。③[形]须发灰白的样子。例：分别几十年后再次相聚,昔日同窗都已白发~。

【沧沧】cāngcāng ①[形]寒冷的样子。例：末班车早已开走,他只得顶着~的北风步行回家。② 同"苍苍①"。

操刀　　操切

【操刀】cāodāo [动]比喻主持或亲自做某项工作。例：公司进行了一系列改革后,效益获得显著突破,总经理是这项改革的~者。

【操切】cāoqiè [形]做事过于急躁。例：这家企业广告诉求频繁变换反映出操作团队过于~的问题。

糟糕　　糟糕

【糟糕】cáogāo [名]方言。我国北方地区的传统糕点,用槽形模具烘制。也叫槽子糕。例：~的生产历史很长,甚至可追溯至明清时期。

【糟糕】zāogāo [形]形容情况坏得很。例：这个小镇的社会治安很~。

草皮　　皮草

【草皮】cǎopí [名]带有一层薄薄的泥土的草,用来铺成草坪或铺在堤岸表面,以美化环境或防止冲刷。例：这个足球场的~一部分在德国当地的达姆施塔特市培育,另一部分则在荷兰的海蒂森市栽培。

【皮草】pícǎo [名]经过加工的动物皮毛或用动物皮毛制成的服装。例：第五届国际~展览会隆重开幕。

草药　　药草

【草药】cǎoyào [名]利用植物提取物制作成的药材。例：~作为药材已经有一千多年的历史。

【药草】yàocǎo [名]可以入药的草本植物。例：车前草是农村最为常见的~。

侧目　　目测

【侧目】cèmù [动]不敢正视；斜着眼看。例：他们在公共场所大声喧哗的行为,令人~。

【目测】mùcè [动]用眼睛估测距离、高度和角度。例：这名运动员~身高在1.80米以上。

茶花　　花茶

【茶花】cháhuā [名]山茶、油茶树、茶树的花。特指山茶的花。例：~的品种很多,是中国传统的观赏花卉。

【花茶】huāchá [名]用茉莉花、玉兰花、桂花、珠兰花等鲜花熏制的绿茶。也叫香片。例：这种~性味辛温,能祛风通窍,历代用于治头痛、鼻渊、鼻塞不通、齿痛的病症。

喳喳

【喳喳】chāchā [拟声]形容小声说话的声音。例：他俩~

地说个不停。

【喳喳】 chā·cha [动]低声唠叨；小声说话。例：他俩~了好半天。

查房　　查访

【查房】 cháfáng ①[动]检查房间内住宿等的情况。例：半夜，荆营长来~，轻轻地走过每一个铺位，不时地给熟睡的战士们把被子披好。②[动]指医生定时到病房查看病人的病情。例：主治医生~时发现这名患者的心率异常。

【查访】 cháfǎng [动]调查、打听案件、案情等。例：为了破获这起案子，他~了许多目击者。

查检　　检查

【查检】 chájiǎn ①[动]翻查检索。例：这本工具书的索引做得很详细，便于读者~。②同"检查①"。

【检查】 jiǎnchá ①[动]为了发现问题而用心地查看。例：爸爸~了我的作业。②[动]检讨错误。例：他犯了错误，现在正在作~。③[名]用口头或书面形式所作的检讨。例：对于自己殴打同学的行为，他写了一份~。

查考　　考查

【查考】 chákǎo [动]通过调查研究弄清事物的某些情况。例：专家们正在~这批新出土文物的年代。

【考查】kǎochá [动]用一定的标准考核与检查。例：～学生的学业成绩是教学工作的一个重要环节。

查清　清查

【查清】cháqīng [动]彻底调查清楚。例：事故发生的原因已经～。

【清查】qīngchá [动]彻底检查。例：必须～事故发生的原因。

汊子　杈子

【汊子】chà·zi [名]水流的分支。例：这些小河～里长满了芦苇。

【杈子】chà·zi [名]植物的分支。例：园林工人正在修剪公路两旁的树～。

岔道　道岔

【岔道】chàdào ①[名]从主要干道分岔出的路。例：这条路在村口分成三条～。②[名]歧路。例：当我在～徘徊的时候，是张老师帮助我明确了前进的方向。

【道岔】dàochà [名]使列车由一条轨道转到另一条轨道上去的装置。例：有了～，可以充分发挥线路的通行能力。

差事

【差事】chàshì [形]不合标准；不中用。例：这个橱做得太~了,一碰就倒。

【差事】chāishì　[名]被派遣去做的事情。例:大家都认为这是一个吃力不讨好的~,既耽误自己的工夫又会得罪人。

差使

【差使】chāishǐ　[动]差遣;派遣。例:他~我去买一本书。

【差使】chāi·shi　[名]旧指官场中临时委任的职务。后也泛指职务或官职。例:宋代司马光被遣出使辽国,但因辽主名耶律德光,司马光只好以同名难避而辞掉了这一~。

拆散

【拆散】chāisǎn　[动]使成套的东西分散。例:这个机器太大,只好~了搬运。

【拆散】chāisàn　[动]使家庭、集体等分散。例:不忠贞的行为~了他们的婚姻。

柴火　　火柴

【柴火】chái·huo　[名]能燃烧以提供热量的树枝、秸秆、杂草等。例:战士们为老百姓准备了许多~,水缸里的水也盛得满满的。

【火柴】huǒchái　[名]在细小的木棍的一端粘附上易燃混合物后经摩擦会发火的东西,用于取火。例:他擦了根~,点亮了蜡烛。

产出　出产

【**产出**】chǎnchū　[动]产生出。**例**：这支球队的投入与～落差好比断崖。

【**出产**】chūchǎn　[动]天然生长或人工生产。**例**：杭州西湖～的龙井茶是世界闻名的。

产生　生产

【**产生**】chǎnshēng　[动]从已有的事物中生出新的事物。**例**：由于没有严格的规章制度,因此～了许多问题。

【**生产**】shēngchǎn　①[动]人们使用工具来创造各种东西。**例**：从前,我们厂以～自行车为主,现转产为纺织机械。②[动]生孩子。**例**：妻子～时,他一直陪伴着她。

产物　物产

【**产物**】chǎnwù　[名]在某种条件下产生的事物或结果。**例**：克隆羊是人为的一大杰作～。

【**物产**】wùchǎn　[名]出产的物品。**例**：我国疆域辽阔,～丰富。

孱孱　潺潺

【**孱孱**】chánchán　①[形]懦弱而无所作为。**例**：他希望儿子能够坚强起来,不再是个～无能的人。②[形]人或动物消瘦露骨的样子。**例**：饱受贫病煎熬的灾民们瘦骨～。

【潺潺】chánchán [拟声]形容流水声。例：涨了水的山溪~地喧闹着。

长话　　长活

【长话】chánghuà ①[名]长途电话的简称。例：手机~漫游费已经取消。②[名]冗长拉杂的话。例：大家都是明白人，我们不说~，都表个态吧。

【长活】chánghuó ①[名]长工的活儿。例：解放前，他给地主扛~。②[名]方言。长工。例：解放前，他在地主家当~。

常住　　常驻

【常住】chángzhù ①[动]经常居住。例：本市~人口达两千多万人。②[动]佛教用语。指佛法无生灭变迁。例：佛教认为如来法身~。③[名]僧、道称寺观、田地、什物等为常住物，简称常住。例：这里原是十方~，不料被几个冒充云游和尚的人毁坏了。

【常驻】chángzhù [动]连续一段时间住在某地。例：这个集团在上海设有~办事机构。

畅通　　通畅

【畅通】chàngtōng [形]无阻碍地通行或通过。例：救灾物资~无阻地运到灾区。

【通畅】tōngchàng ①[形]思想、文字等流畅。例：这篇文章的文字读来十分~。②同"畅通"。

抄手　　炒手

【**抄手**】chāoshǒu　[名]方言。即馄饨。**例**：一碗结结实实的肉~才几元钱。

【**炒手**】chǎoshǒu　[名]专门从事炒作的人。**例**：越来越多的人学会了利用网络的特点进行推广炒作,专门从事策划炒作的网络~也悄然兴起。

朝阳

【**朝阳**】cháoyáng　[动]向着太阳。**例**：那间屋子~。

【**朝阳**】zhāoyáng　①[名]初升的太阳。**例**：一幢幢高楼犹如一双双高举的手臂,欢呼着将一轮火红的~举向蓝天。②[形]比喻新兴的、有发展前途的。**例**：新媒体被看作~产业。

炒手　　妙手

【**炒手**】chǎoshǒu　[名]专门从事炒作的人。**例**：越来越多的人学会了利用网络的特点进行推广炒作,专门从事策划炒作的网络~也悄然兴起。

【**妙手**】miàoshǒu　[名]技艺高超的人。**例**：患者称赞他是对症下药、~回春的好医生。

车篷　　篷车

【**车篷**】chēpéng　[名]车上用来遮蔽日光、风雨等的装置,主要材质为帆布、油布、塑料等。**例**：这辆军用卡车～表面用的是迷彩涂层。

【**篷车**】péngchē ①[名]旧时指带篷的马车。**例**：这种～我们经常在古装电视剧里看到。②[名]有顶的货车。**例**：这列～主要用于运送粮食。

撤退　　撒腿

【**撤退**】chètuì [动]从战场或冲突地方退出。**例**：要么在那里保持大批兵力，要么就全部～。

【**撒腿**】sātuǐ [动]放开脚步。**例**：小宝见情况不妙，就跑。

辰光　　晨光

【**辰光**】chénguāng [名]时候。**例**：这是件辛苦的工作，我常常为了找到合适的词，冥思苦想，甚至费上一天、半天的～。

【**晨光**】chénguāng [名]早晨的阳光。**例**：我睁开眼一看，～已透过玻璃窗射在我的枕头上。

辰星　　晨星

【**辰星**】chénxīng [名]我国古代指水星。**例**：五星古称五纬，是天上五颗行星，木曰岁星，火曰荧惑星，土曰镇星，金曰太白星，水曰～。

【**晨星**】chénxīng ①[名]清晨稀疏的星。多用于比喻人或物之稀少。例:器官供体缺口巨大,捐献数量寥若~。
②[名]指日出前在东方天空中出现的金星。例:夜色在黎明前化为~的光芒。

辰星　星辰

【辰星】chénxīng　[名]我国古代指水星。例:五星古称五纬,是天上五颗行星,木曰岁星,火曰荧惑星,土曰镇星,金曰太白星,水曰~。

【星辰】xīngchén　[名]星的总称。例:昨夜~昨夜风,画楼西畔桂堂东。

陈醋　陈酿

【陈醋】chéncù　[名]存放时间较久的酸味醇厚的醋。例:山西~以色、香、醇、浓、酸五大特征著称于世。

【陈酿】chénniàng　[名]陈酒。例:这瓶黄酒是十年~啊!

陈粮　陈酿

【陈粮】chénliáng　[名]隔年或久存的粮食。例:连年歉收,他们家已经没有~了。

【陈酿】chénniàng　[名]陈酒。例:这瓶黄酒是十年~啊!

陈情　陈请

【陈情】chénqíng　[动]陈述自己的想法;陈诉衷情。例:台上的演员时而细语、时而高亢,或是饱含深情地~,或是激情高昂地表述。

【陈请】chénqǐng [动]陈述理由以请求。例:有关你索回孩子抚养权的问题,你可以在法庭上~。

琤琤　铮铮

【琤琤】chēngchēng [拟声]形容玉器相击声、琴声或水流声。例:泉水~地流着。
【铮铮】zhēngzhēng ①[拟声]形容金属撞击发出的响亮的声音。例:钟声~悦耳。②[形]坚贞、刚强的样子。例:网友为~铁骨的维和战士刷屏,为坚强的军嫂点赞。③[形]言词刚劲有力的样子。例:方志敏言辞~,驳得敌人哑口无言。

成才　成材

【成才】chéngcái [动]成为有才能的人。例:在同样的条件下,创造力决定着一个人能否~、是否有发展前途。
【成材】chéngcái ①[动]可以做材料用。例:林地施肥是改善土壤养分状况,提高林木生长量,缩短~年限的有力措施。② 同"成才"。

成服　诚服

【成服】chéngfú [名]制成后出售的衣服。例:这家裁缝店专制~。
【诚服】chéngfú [动]真心地服从或佩服。例:这名办事员以案释法,使上访群众~满意。

成心　　诚心

【成心】chéngxīn　[副]故意地。例:你这样做不是~欺负人吗?

【诚心】chéngxīn　①[名]真诚的心意。例:我到底还是被他的~给打动啦。②[形]真心诚意。例:我~向你讨教电脑排版的技术。

成形　　成型

【成形】chéngxíng　①[动]自然生长或经过加工后成为某种形状。例:真菌大都是多细胞个体,细胞里的细胞核是~的。②[动]形成某种稳固的局面。例:这出话剧在演出之前,几乎还没有~的剧本,编剧、导演、演员就是演出集体,边编、边导、边演。

【成型】chéngxíng　[动]产品、工件等经过加工后成为所需要的形状。例:他们在钢筋混凝结构施工中采用预埋波纹套管的孔道~工艺。

澄净　　澄静

【澄净】chéngjìng　[形]澄澈明净。例:这条小溪~见底。

【澄静】chéngjìng　[形]清澈平静。例:一叶扁舟漂浮在~的湖面上。

澄清

【澄清】chéngqīng　①[形]清澈。例:天池的水碧绿~。

②[动]使混浊的变清明,比喻肃清混乱局面。**例**:这些青年革新者满怀效法前贤～天下之志。③[动]弄清楚是非或问题等。**例**:这件冤案终于得到了～。

【澄清】dèngqīng [动]使杂质沉淀,液体变清。**例**:刚打上来的井水太浑,需要～。

吃口　　口吃

【吃口】chīkǒu ①[名]家庭中吃饭的人。**例**:小时候他们家～多,生活比较困难。②[名]食物吃到嘴里的感觉。**例**:这种鱼～不好,没有鲜味。③[名]牲畜吃食物的能力。**例**:这头奶牛～好,奶水足。

【口吃】kǒuchī [动]一种习惯性的言语缺陷,说话时字音重复或词句中断。**例**:这孩子～的毛病得赶快治。

迟延　　延迟

【迟延】chíyán [动]迟误拖延。**例**:你方必须对因～交货而给我方造成的损失负责。

【延迟】yánchí [动]推迟;把预定时间往后移。**例**:今年的梅雨季节将～到来。

赤子　　赤字

【赤子】chìzǐ ①[名]刚出生的婴儿。**例**:父母爱～、孩子爱年老的父母,这才是自然之爱。②[名]热爱祖国、对祖国忠诚的人。**例**:在异国他乡的土地上,他真切地体会到海外～

的命运与祖国的富强是休戚相关的。

【赤字】chìzì [名]指经济活动中支出多于收入的差额数字。例：今年财政～比去年减少百分之十。

冲冲　忡忡

【冲冲】chōngchōng [形]感情激动的样子。例：他怒气～地将手上的拖把往甲板上一丢。

【忡忡】chōngchōng [形]忧愁的样子。例：股市为何"牛"不起来,投资者忧心～。

重重

【重重】chóngchóng ①[形]一层又一层的。例：天边堆满了白云,一片片,一～,蓬蓬松松。②[形]反复;屡屡。例：我们一定记住老师的～嘱咐。

【重重】zhòngzhòng ①[副]狠狠。例：我们要～打击各种犯罪活动。②[副]表示数额非常大或程度非常高。例：提前完成任务的话,～有赏。

重创

【重创】chóngchuàng [动]重新创办。例：山高路险、气候复杂是灾后～面临的首要困难。

【重创】zhòngchuāng [动]使受到重大伤亡或损害。例：联合舰队协同作战,～敌军精锐。

重读

【重读】chóngdú [动]再读;重新阅读。例:最近我又~了《共产党宣言》。

【重读】zhòngdú [动]把一个词或词组里的某个音节,或语句里某几个音节读得重一些。例:这几个音节要~。

重申　重审

【重申】chóngshēn [动]再次申述。例:会谈中两国领导人~一个中国的原则和立场。

【重审】chóngshěn [动]上级法院认定原审法院审理不当,撤销原来的审理结果,发回重新审理。例:发回~制度在诉讼程序中发挥了一定的积极作用。

重洋　重样

【重洋】chóngyáng [名]一重重的海洋。例:"古巴印象"油画摄影展远涉~登陆东莞。

【重样】chóngyàng [名]相同样式。例:巧手妈妈为女儿编辫子365天不~。

抽打

【抽打】chōudǎ [动]用长条形的鞭子、竹片、枝条等东西打。例:暴雨像千万条鞭子~着没带伞的行人。

【抽打】chōu·da [动]用毛巾、掸子等在衣物上打,以除掉灰尘。**例**:你的衣服上全是灰尘,我帮你~一下。

酬应　　应酬

【**酬应**】chóuyìng　①[动]应答;应对。**例**:尽管不喜多嘴多舌,可是来了亲友,她总有适当的一套话语,~得自然而得体。②同"应酬①"。

【**应酬**】yìngchóu　①[动]交际往来。**例**:我们公司的业务很忙,接待人员来不及~。②[名]私人间的宴会。**例**:今晚我有个~。

出发　　发出

【**出发**】chūfā　[动]离开原来的地方到另一个地方去。**例**:我们明天去郊外春游,早上7点集合后~。

【**发出**】fāchū　①[动]发声音、疑问等。**例**:这只大钟~很响的声音。②[动]发表;发布命令、指示。**例**:中央~命令后,全国人民一齐响应。③[动]送出信件、稿件等。**例**:邮电局每天按时~各类报刊信件。

出防　　出访

【**出防**】chūfáng　[动]出外驻防。**例**:当年他的祖上当兵~到外省,后来在那里安家。

【**出访**】chūfǎng　[动]出外访问。**例**:她曾随同总统一起~欧洲五国。

出家　　出嫁

【出家】chūjiā　[动] 离开家庭到庙宇里去做僧尼或道士。例：她~为尼,专修佛学。

【出嫁】chūjià　[动] 女子结婚嫁到男方家里去。例：花蕊早已~,或许已经当了母亲。

出境　　出镜

【出境】chūjìng　①[动] 离开国境或边境。例：他正在办~手续。②[动] 离开某个地区。例：这条河是省界,过了桥中央就~了。

【出镜】chūjìng　[动] 在电影或电视中露面。例：青年演员频频~,演技提高很快。

出逃　　出挑

【出逃】chūtáo　[动] 往外逃。例：他为自己因考试不及格而选择离家~的行为感到惭愧。

【出挑】chūtiāo　[动] 长成。多用于青年男女的体态、容貌、才能等。例：那时她又瘦又小,现在~成这样一个仪态大方、丰满健壮的人。

出演　　演出

【出演】chūyǎn　[动] 担任角色并出场表演。例：李连杰是一个功夫明星,会在不同的电影中~不同的角色。

【演出】yǎnchū [动]把戏剧、舞蹈、杂技等演给观众欣赏。例:明天省艺术团来我厂~。

出展　　展出

【出展】chūzhǎn ①[动]到外地展览。例:该公司最近公布了明年的~计划。② 同"展出"。
【展出】zhǎnchū [动]展示出来给大家看。例:美术学院本科毕业生作品最近在校图书馆展览大厅~。

初年　　年初

【初年】chūnián [名]某一历史时期的最初一段时间。例:他收藏了许多民国~的照片。
【年初】niánchū [名]一年开头的一段时间。例:海事局召开专题安全监管会议,全面部署岁末~水上交通安全大检查行动内容。

传单　　单传

【传单】chuándān [名]印成单张向外散发的宣传品。例:这家印刷厂印了大量的~。
【单传】dānchuán ①[名]几代相传都只有一个儿子。例:因为家里三代~只有他这么一根独苗,所以他从小到大受尽了宠爱。②[动]旧指只受一个师傅或一种流派所传授。例:河洛文化并非一系~,而是多元互动的成果,它的开放性是与生俱来的。

传言　　言传

【传言】chuányán ①[动]言语辗转流传。例：～这家工厂已经倒闭了。②[动]把一方的话转告给另一方。例：他让我～给你,这件事情他办不了。

【言传】yánchuán [动]用言语来表达或传授。例：这种事情只可意会,不可～。

创口　　疮口

【创口】chuāngkǒu [名]皮肤、肌肉、黏膜等受伤破裂的地方。例：有了这种药物,病人在手术中不会感到疼痛,也不会再流血,～感染机会也大大减少。

【疮口】chuāngkǒu [名]疮的破口。例：～已经化脓,赶快去医院治疗。

窗纱　　纱窗

【窗纱】chuāngshā [名]装在门窗上的一种薄布或纱网。例：贾母觉得林黛玉房间里绿色的～与潇湘馆整个幽静的环境相配过于清冷,便叫人换一下。

【纱窗】shāchuāng [名]蒙纱的窗户。例：她呆呆地望着～外面的蓝天,许久工夫动也不动。

捶打　　锤打

【捶打】chuídǎ [动]用拳头或器物敲打。例：他正用力～

自己的右腿。

【锤打】chuídǎ [动]用锤子敲打。例：这件工艺品是用小铁锤一点一点地~出来的。

淳厚　　醇厚

【淳厚】chúnhòu [形]风俗、人品等淳朴厚道。例：东巴舞刚健柔婉、明快舒放、变化灵活,保持着~而典雅有致的特色。
【醇厚】chúnhòu [形]气味、滋味等纯正浓厚。例：如果说春茶喝的是那股清新的香气、淡淡的青草味,那么秋茶喝的则是一种浓郁、~的味道。

婷婷　　绰绰

【婷婷】chuòchuò [形]女子姿态柔美的样子。例：她尽得杭州西湖山水之灵气,出落得丰姿~。
【绰绰】chuòchuò [形]宽裕。例：这台电脑的配置,应付日常办公~有余。

伺候　　侍候

【伺候】cìhòu [动]在人身边供使唤；照料。例：这种蛮不讲理的顾客难以~。
【侍候】shìhòu [动]服侍；照料。例：这位老人行动不便,需要人~。

从征　　从政

【从征】cóngzhēng [动]随军出征。例：他终于实现了~

入伍的梦想。
- 【从政】cóngzhèng [动]参与政事。例:中央政法委机关决定开展廉洁~专题教育活动。

匆匆　　葱葱

- 【匆匆】cōngcōng [形]急急忙忙的样子。例:住在这家旅店的客人都是行色~的公务出差人员。
- 【葱葱】cōngcōng [形]草木青翠茂盛或气象旺盛的样子。例:展现在眼前的是一片~郁郁的崇山峻岭。

粗厉　　粗砺

- 【粗厉】cūlì [形]粗暴严厉。例:他用~的口吻命令道:"你们都给我站住!"
- 【粗砺】cūlì [形]粗糙;不光滑。例:机器开动后,~的轮石飞转着。

蔟蔟　　簇簇

- 【蔟蔟】cùcù [形]丛集的样子。例:顾村公园里游客如织,樱花~。
- 【簇簇】cùcù ① 同"蔟蔟"。②[形]衣衫鲜明整洁的样子。例:他今天穿了一双~新的皮鞋。

崔巍　　崔嵬

- 【崔巍】cuīwēi [形]高大雄伟。例:他终于实现了登上~

的天安门的愿望。

【崔嵬】 cuīwéi ①[名]有石头的土山。**例**：他从小生活在这里,在一片~中长大成人。②[形]高耸的样子。**例**：这一带山谷峻峭,站在近处往上看,觉得格外~。

Dd

答应　应答

【答应】dā·ying　①[动]允诺;同意。例:他～放学后和我一起去少年宫。②[动]应声;回答。例:他喊了好几声,屋里没人～。

【应答】yìngdá　[动]答复别人提出的问题或对别人提出的要求表示意见。例:老师提出的问题,同学们都能正确～。

搭帮

【搭帮】dābāng　[动]结伴。例:在他的动员下,这些老同事们决定～旅游。

【搭帮】dā·bang　[动]帮助。例:在乡亲们的～下,他的家庭困难都解决了。

搭配　配搭

【搭配】dāpèi　[动]有目的地凑合、安排、分配。例:经过科学～,学生午餐的营养成分大大提高了。

【配搭】pèidā　①[动]跟主要的事物合在一起做陪衬。

例：这个既甜蜜又浪漫的思维通过新娘与小花童造型的精心～而完美呈现。②同"搭配"。

达到　　到达

【达到】dádào　[动]到了某一程度或预期目的。例：我国的某项生物技术已～世界先进水平。

【到达】dàodá　[动]到了某个地点或某个阶段。例：火车～北京时，已是晚上9点了。

打开　　开打

【打开】dǎkāi　①[动]拉开；揭开；解开。例：请同学们～课本。②[动]使得原本停滞的局面开展、狭小的范围扩大。例：经过各方面的努力，这种产品的销路终于被～了。

【开打】kāidǎ　[动]戏剧中表演的打斗。后指人打斗闹事。例：他俩为交通事故责任认定争执不下，当街～起来。

打泡　　打炮

【打泡】dǎpào　[动]手脚等部分皮肤由于磨损而起泡。例：你赶紧把鞋子里的砂土倒干净，要不走到家脚会～的！

【打炮】dǎpào　[动]发射炮弹。例：他们～的地点就在该国的眼皮底下，但该国三军总指挥却毫不知情。

打铁　　铁打

【打铁】dǎtiě　[动]用手工锻造铁器。例：炎热的夏天，铁铺里不时传来叮叮当当的~声,令人焦躁不安。
- 【铁打】tiědǎ [形]用铁打成的。比喻坚固、坚强。例:看着检查结果,医生惊呆了,这样的身体还在边疆坚持工作,真是~的人啊!

打样　　打烊

- 【打样】dǎyàng ①[动]建造房屋或制造器具前画出设计图样。例:~在首饰定制流程中属于比较重要的一部分。②[动]书、报等排完版后打出样张供校对、审读用。例:这份~稿已经校对完了。
- 【打烊】dǎyàng [动]商店晚上关门停止营业。例:这家百货商店晚上10点钟~。

大方

- 【大方】dàfāng [名]见识广博或有专长的人。例:他谦称自己的绘画作品太幼稚,贻笑~。
- 【大方】dà·fang ①[形]在财物上不计较、不吝啬。例:我这么多朋友中数他~。②[形]言谈、举止等不拘束。例:她谈吐~,很有修养。③[形]穿着、布置等不俗气。例:新来的班主任穿着朴素~,待人和蔼可亲。

大夫

- 【大夫】dàfū [名]古代官职名。例:三闾~是战国时楚国特设的官职,屈原贬后任此职。

【大夫】dài·fu [名]医生。例:小李病了,请个~来看一看吧!

大气

【大气】dàqì ①[名]包围地球的气体。例:~的运动变化是由大气中热能的交换所引起的。②[名]呼出的粗气。例:他吓得~都不敢出。

【大气】dà·qi ①[名]大的气度;大的气势。例:~即胸怀天下、包容天下之气。②[形]有气派;度量大。例:他心胸宽广,很~,从不计较这些小事。③[形]颜色、样式等大方、不俗气。例:这件衣服的款式~得体。

大人

【大人】dàrén [名]对父母叔伯等长辈的敬称。例:父亲~。

【大人】dà·ren ①[名]成人。例:你已是~了。②[名]旧时称地位高的长官。例:~,您有何吩咐?

大洋　　大样

【大洋】dàyáng [名]银圆。例:~是清末到民国期间各种流通的"壹圆"银币的统称。

【大样】dàyàng ①[名]工程中指对设计中一些细部的重点按比例放大画出来的图。例:等室内装修~到手,就可以开工了。②[名]报纸印刷前的整版清样。例:总编已在~上签完字,可以付印了。

大爷

【大爷】dàyé [名]指傲慢任性、不做事的男子。例：你这种~作风该改改了。

【大爷】dà·ye ①[名]父亲的哥哥。例：他~家的那棵石榴树结石榴了。②[名]对老年男性长辈的尊称。例：~，您好啊！

大意

【大意】dàyì [名]主要的意思；大概的意思。例：我把与会者发言的~都记下来了。

【大意】dà·yi [形]粗心；不注意。例：我太~了，连这么明显的问题都没有看出来。

大旨　　大指

【大旨】dàzhǐ [名]基本的意思；主要的含义。例：《四库全书总目提要》论述各书~及著作源流，考得失，辨文字，为清代目录学巨著。

【大指】dàzhǐ [名]大拇指。例：爸爸竖起~夸我非常勇敢。

带领　　领带

【带领】dàilǐng ①[动]在前面带头，使后面的人跟随着。例：在王老师的~下，我们克服困难，一鼓作气爬上了黄山。

②[动]领导指挥一群人进行集体活动。例：老师~我们参观了历史博物馆。

【领带】lǐngdài [名]穿西服时,系在衬衫领子上而悬在胸前的带子。例：他穿着一套笔挺的西服,黑衬衫,配着黑白条纹~。

贷款　　货款

【贷款】dàikuǎn ①[动]银行或其他金融机构按一定利率和必须归还等条件出借货币资金的一种信用活动形式。例：央行网站今日公告显示,上半年人民币~增加7.53万亿元。②[名]贷给的款项。例：他们利用这笔~进行投资并经营其他业务,获取了不少利润。

【货款】huòkuǎn [名]买卖货物的款子。例：在收妥进口商预付的~后,出口商才安排货物装运并向进口商寄交全套商业单据。

担负　　负担

【担负】dānfù [动]承当责任、工作或费用。例：你陪他们去,一切费用由我~。

【负担】fùdān ①[动]承受并担当。例：这样艰巨的任务,我们实在~不了。②[名]所承担的责任。例：小陈身体不好,应该适当减轻他的~。

单子　　单字

【单子】dān·zi ①[名]分项记载事物的纸条。例：请你把要购买的东西开列个～给我。②[名]用以覆盖床、桌或张挂在门、窗上的布片。**例**：这条床～上的花色很别致。

【单字】 dānzì ①[名]单个的汉字。**例**：王羲之的《兰亭序》，从章法、行气、～的结体到体现出来的书法造诣都是出类拔萃的。②[名]外语中一个一个的词。**例**：他已经掌握了两千多个外语～。

蛋青　　蛋清

【蛋青】 dànqīng [形]像青鸭蛋壳一样的颜色。**例**：影片中的女主角穿着一件～色的旗袍。

【蛋清】 dànqīng [名]蛋内的半透明液体，遇热会凝成白色固体。**例**：～中含有蛋白质、蛋氨酸及维生素、磷、铁、钾、镁、钠、硅等矿物质多种营养成分。

弹子　　子弹

【弹子】 dànzǐ ①[名]弹丸，指用于弹弓发射的泥丸、石丸、铁丸等。**例**：只见父亲手捧着土豆秧，稀疏的细根上挂着一串新长出的小土豆蛋子，比～还小。②[名]台球，一种在特制的台子上用杆撞球的游戏。**例**：丁俊晖最突出的一点就是能保持头脑冷静，这对于～手而言，是至关重要的。

【子弹】 zǐdàn [名]枪弹的统称。**例**：～打完了，战士们用刺刀与敌人搏斗。

当年

【当年】 dāngnián ①[名]指过去某一时间。**例**：～我在这里读书时,学校只有几间破旧的教室。②[动]正处在身强力壮有作为的时期。例:他正~,做队长很合适。

【当年】dàngnián [名]这一年;同一年。例:爸爸开办的养殖场收益很好,~就还清了贷款。

当日

【当日】dāngrì [名]当时。例:~我还在读小学。

【当日】dàngrì [名]当天。例:买卖股票的委托单只是~有效,收市之后,没有成交的委托单即作废,资金和股票打回账户。

当时

【当时】dāngshí ①[名]指过去发生某件事情的时候。例:我~并不在场,所以不知道详情。②[名]指事物处于合适的时期。例:白露早,寒露迟,秋分种麦正~。

【当时】dàngshí [副]立刻;马上。例:接到命令,他~就出发了。

当头

【当头】dāngtóu ①[副]对准了头;迎头。例:她仿佛给人~打了一棍,扶着墙慢慢坐到地上。②[动]事情到了眼前;临头。例:危机~,重要的是各国携手共克时艰,而非互相指责,以邻为壑。③[动]放在首位。例:朋友一再劝告他要忍字~。

【当头】dàng·tou [名]指在当铺借钱时所用的抵押品。

例：当年他从常州出门求学,亏得朋友当了～借钱给他。

珰珰　铛铛

【珰珰】dāngdāng ［拟声］形容金属、玉器等相击的声音。
例：几块玉佩碰在一起发出～的声响。

【铛铛】dāngdāng ［拟声］形容撞击金属器物的声音。
例：他把钟撞得～响。

挡子　档子

【挡子】dǎng·zi ［名］遮挡用的东西。例：这块布又大又厚实,用作门～很合适。

【档子】dàng·zi ①［量］用于事件。相当于件、桩。例：虽然爱情不是他们兄弟俩这～事的中心,可是还得由这儿说起。②［量］用于成组的曲艺杂技等。例：这～节目未经审查,还不能公演。

叨叨　忉忉

【叨叨】dāo·dao ［动］唠叨;啰唆。例：看样子老头儿～起来没完了。

【忉忉】dāodāo ①［形］忧愁的样子。例：她经常为一些在别人看来应该可以很快忘记的小事而～。②同"叨叨"。

导向　向导

【导向】dǎoxiàng ①［动］使向某个方面发展。例：舆论的～作用是十分重要的。②［名］指导行动或发展的方向。

例：我厂产品结构的调整是以市场为～的。

【向导】xiàngdǎo ［名］带路或带路的人。例：第一小队的同学们将去野生动物园游玩,我为他们当～。

导引　引导

【导引】dǎoyǐn ①［动］前导;引导。例：吹鼓手热闹地吹打起乐器,～着花轿往前行进。②［动］用仪器指挥运动物体按一定路线运行。例：在交会对接微波雷达的精准～下,神舟十一号飞船与天宫二号实现完美的交会对接。③［动］我国古代的呼吸运动(导)与肢体运动(引)相结合的一种养生术,也是气功中的动功之一,与现代的保健体操相类似。例：司马天师居天台山,传辟谷～术。

【引导】yǐndǎo ①［动］在前面带头使后面的人跟随着。例：大家在主人的～下参观、游览。②［动］带着人向某个目标行动。例：这名学生只要正确～,将来定会成就大事业的。

倒车

【倒车】dǎochē ［动］中途换车。例：他买的是直达车票,现在却要～,实在难以理解。

【倒车】dàochē ［动］使车向后行驶。例：在～过程中,要先看后面,然后再注意两侧的后视镜。

倒手　到手

【倒手】dǎoshǒu ①［动］把提着的东西从一只手上换到另一

只手上。**例**:他也没～,一口气就把沉重的箱子提到了五楼。②[动]转手倒卖。**例**:这批货经他这么一～,不知赚了多少。

【到手】 dàoshǒu [动]拿到手;得到。**例**:已经～的粮食又给洪水冲走了。

倒账　　到账

【倒账】 dǎozhàng ①[动]欠账不还。**例**:银行贷款给这家公司,是因为他们财力雄厚,不怕～。②[名]收不回来的账款。**例**:这笔贷款有可能成为～。

【到账】 dàozhàng [动]钱款到达账户。**例**:经查核贷款已经～。

倒数

【倒数】 dàoshǔ [动]逆着次序数;从后向前数。**例**:在全校数学比赛中我班是～第一名。

【倒数】 dàoshù [名]两个实数的乘积是1,则这两个数互为倒数。**例**:$\frac{5}{3}$的～为$\frac{3}{5}$。

得了

【得了】 dé·le ①[动]算了;行了。表示禁止或同意。**例**:～,这件事情就这么办吧!②[动]用于陈述句,表示肯定,有加强语气的作用。**例**:你爸爸的病准会好,你放心～。

【得了】 déliǎo [形]用于反问或否定式,表示情况很严重。**例**:这孩子居然打骂父母,这还～?

德行

【德行】déxíng [名]道德和品行。例：父母的～将影响子女的成长。

【德行】dé·xing [名]讥讽人的话。表示瞧不起别人的仪容、举止、行为、作风等。例：你看他那个～。

登场

【登场】dēngcháng [动]谷物收割后运到场上。借指收获完毕。例：小麦已经～。

【登场】dēngchǎng [动]出现在舞台上。例：请你做好～的准备。

等分　　等份

【等分】děngfēn [动]将物体按等量划分。例：请把这个圆弧～成三段。

【等份】děngfèn [名]把一个物体平均分成几份,每一份叫作一个等份。例：他把蛋糕切成八～。

低湿　　低温

【低湿】dīshī [形]地势低而潮湿。例：～环境下很容易产生静电。

【低温】dīwēn [名]较低的温度。例：～作业是指在生产劳动过程中,工作地点平均气温等于或低于5℃的作业。

低层　　底层

【**低层**】dīcéng ①[名]低的层次。例：她有恐高症,喜欢住~。②[形]楼房等层数少的。例：这个小区的~楼盘已经售完。③[形]级别低的。例：这家企业~职员的薪水并不高。

【**底层**】dǐcéng ①[名]建筑物地面上最低的一层。例：这幢楼的~是车库。②[名]事物最下面的部分。例：蛋糕的~已经发霉。③[名]社会、组织等的最低阶层。例：这部小说的主人公是生活在社会~的小人物。

低下　　底下

【**低下**】dīxià ①[形]在一般标准之下。例：这支球队技术水平~,很难在联赛中取得好成绩。②[形]低俗。例：这套连环画整体格调~,不受人们欢迎。

【**底下**】dǐxià ①[名]位置较低的地方。例：夜晚从上海中心最高层远望,~是一片璀璨的灯海。②[名]次序靠后的部分;文章或讲话中后于现在所叙述的部分。例：~老师会讲这道数学题的解题方法。

堤防　　提防

【**堤防**】dīfáng [名]沿河或沿海的防水构筑物。例：潮汛马上就要来临,要抓紧修筑~。

【**提防**】dī·fang [动]小心防备。例：天雨路滑,~着别摔倒。

滴答

【滴答】dīdā ［拟声］形容水滴落下或钟表摆动的声音。**例**：家里很安静,只有时钟～～地响着。

【滴答】dī·da ［动］成滴地落下。**例**：一圈跑下来大家累得汗直往下～。

地道

【地道】dìdào ［名］在地面下掘成的交通坑道。**例**：游击队在华北平原上开展了～战、地雷战,狠狠打击了日寇的气焰。

【地道】dì·dao ①［形］真正是有名产地出产的。**例**：这是～的东北药材。②［形］纯粹的;符合标准的。**例**：他能说一口～的上海话。

地方

【地方】dìfāng ①［名］中央以下行政区或省级行政区划的统称。**例**：这项工程中央投资一部分,～也投资一部分。②［名］军队指军队以外的部门、团体。**例**：这篇文章主要探讨部队复员和～安置工作的问题。③［名］本地;当地。**例**：他在农村～的一所小学代课。

【地方】dì·fang ①［名］某个区域;某一部位。**例**：这个～离学校很远。②［名］部分。**例**：我的话有不对的～,请多指正。

地里　　地理

【地里】dìlǐ ①[名]两地相距的里程。例:一行官兵已过袁州,~稍远。②[名]田地里。例:他刚从~拔起来一筐萝卜。

【地理】dìlǐ ①[名]全世界或一个地区的山川、气候等自然环境及物产、交通、居民点等社会经济因素的总的情况。例:上海所处的~位置是很重要的。②[名]地理学。例:他爷爷是~教师。

地下

【地下】dìxià ①[名]地面之下;地层内部。例:这些污水管道都被埋在~。②[形]秘密活动的;不公开的。例:这些党的~工作者为中国革命的早日胜利争取了时间、减少了伤亡,作出了可歌可泣的伟大贡献。

【地下】dì·xia [名]地面上。例:请把掉~的东西捡起来。

点心

【点心】diǎnxīn [动]稍微吃点东西解饿。例:这里什么都有,~的,解渴的,甚至于消闲的。

【点心】diǎn·xin [名]糕饼之类的食品。例:他每天下午3点都要吃~。

点种

【点种】diǎnzhǒng [动]点播种子。例:使用这种~机后大大提高了播种效率。

【点种】diǎnzhòng [动]每隔一定距离挖一小坑并放入种子的一种播种方法。例：他们刨掉芙蓉树根~蓖麻。

玷污　　沾染

【玷污】diànwū [动]弄脏;使受到污辱。比喻败坏名声等。例：决不能~班级的荣誉。

【沾染】zhānrǎn ①[动]因接触而被不好的东西附着上。例：手既然要接触一切东西，就不可避免地会~各种细菌。②[动]因接触而受到不良的影响。例：他身上~了不少坏习气。

垫圈

【垫圈】diànjuàn [动]用草、土等铺垫牲畜的圈。例：英国的试验表明，旧报纸切碎后，经过简单的处理，可用于~,这种方法要比用秸秆和锯末材料等经济得多。

【垫圈】diànquān [名]垫在被连接件与螺母之间的零件，一般为扁平形的金属环。例：他在更换水龙头内老化的橡胶~。

癫子　　癞子

【癫子】diān·zi [名]疯子。例：两个船夫夹着那个~伙夫跃上船面。

【癞子】lài·zi ①[名]黄癣。例：这名乞丐长了一头~。②[名]头上长黄癣的人。例：因久治不愈，"~"便成了他的绰号。

钓鱼　　鱼钩

【钓鱼】diàoyú ①[动]用钓具捕鱼。例：他经常和同伴一起去郊外～。②[动]比喻引诱。例：周仆笑吟吟地说:"你看像不像炊烟?"小玲子点点头,笑着说:"你就凭这个～呀!"

【鱼钩】yúgōu [名]垂钓时用于悬挂钓饵以吸引鱼类上钩的工具。例：完美的～应当具备坚、利、韧、轻四个特点。

调拨

【调拨】diàobō [动]调动拨给。例：政府～了大量的防疫物资。

【调拨】tiáobō [动]挑拨。例：她专喜欢～是非,对她的话不能相信。

调配

【调配】diàopèi [动]调动分配。例：这里的人员和物资都听从他的指挥和～。

【调配】tiáopèi [动]调和;配合。例：员工～是人力资源管理中一项非常重要的工作。

调式　　调试

【调式】diàoshì [名]乐曲中以一个音为核心,其他几个音按照一定音程关系而构成的体系叫作调式。例：～是人类在长期的音乐实践中创立的乐音组织结构形式。

【调试】tiáoshì ［动］试验并调整机器、仪器等。**例**：经过两年的努力,这台机车投入～运行,完全符合设计要求。

调头

【调头】diàotóu ［动］车、船等转成相反的方向。**例**：这条路太窄,车子很难～。

【调头】diào·tou ①［名］调子。**例**：空洞抽象的～必须少唱。②［名］语气。**例**：请你不要用这种～跟我说话。

喋喋　蹀蹀

【喋喋】diédié ［形］没完没了地说话的样子。**例**：对裁判～不休的张辛昕最终被主裁判出示黄牌警告。

【蹀蹀】diédié ［形］缓慢行走的样子。**例**：他拄着拐杖～前行。

定规

【定规】dìngguī ①［名］现成的或久已通行的规矩。**例**：每月底开总结大会已成～。②［副］肯定;一定。**例**：他以为这件事情是～办不成的。

【定规】dìng·gui ［动］决定;确定。**例**：春游的事已经～好啦。

定规　规定

【定规】dìngguī ①［名］现成的或久已通行的规矩。**例**：每月底开总结大会已成～。②［副］肯定;一定。**例**：他以为这件事情是～办不成的。

【规定】guīdìng ①[动]对某一事物作出有关方式、方法或数量、质量的决定。例：老师～每个同学都要参加这次活动。②[名]所规定的内容。例：关于升学考试,教育局作了新的～。

定刑　　定型

【定刑】dìngxíng [动]审判机关认定犯人应判处某种刑罚。例：被告律师认为这个案件～过重。

【定型】dìngxíng [动]事物的特点逐渐形成并固定下来。例：这个产品还未～,不能马上生产。

东西

【东西】dōngxī ①[名]方位名。东方与西方；东边与西边；东部与西部。例："依托浦西,以东带西,～联动,共同发展"是当年浦东开发的最大特色和重要战略。②[名]从东到西的距离。例：这块绿地～长200米,南北宽180米。

【东西】dōng·xi ①[名]泛指各种具体或抽象的事物。例：让一千万人聚集在一起的只有一样～,那就是爱。②[名]特指人或动物(常含喜爱或厌恶的情感)。例：他说谎成性,真不是～!

动手　　手动

【动手】dòngshǒu ①[动]开始做。例：大家一齐～,把这堆垃圾清除掉。②[动]用手接触。**例**：少儿科技馆里的模型不仅可以看，还可以～。

【**手动**】shǒudòng [形]用人力做的。**例**：如果你是新司机或者只开过自动挡汽车，那么～挡汽车可能会让你望而却步。

斗箕　斗笠

【**斗箕**】dǒu·ji [名]指印。因指纹有斗形、箕形之别，故称。**例**：这张写于解放前的借条上按有他爷爷的～。

【**斗笠**】dǒulì [名]一种遮阳光和雨的帽子，有很宽的边沿，用竹叶棕丝等编织而成。**例**：一些旅游景点将～作为一种工艺品明码标价，十分受人欢迎。

动摇　摇动

【**动摇**】dòngyáo ①[动]不坚定；不稳固。**例**：这项工作，我一定要做到底，决不～。②[动]使动摇。**例**：任何困难也～不了我们的信念。

【**摇动**】yáodòng ①[动]来回地摆动；摇摆。**例**：小舢板在湖面上起伏～。②同"动摇"。

陡然　徒然

【**陡然**】dǒurán [副]突然；出乎意外。**例**：销售额～下滑，很多人都感到事出意外。

【**徒然**】túrán ①[副]白白地；不起作用。**例**：在这种情况下,他即使能力出众,也是~的。②[副]仅仅;只是。例:对观测随机误差较大的一些项目,过高的记录精度并无实际意义,~增加资料处理的麻烦。

陡增　徒增

【陡增】dǒuzēng　[动]增长得十分迅速;突然增加。例:这条流水线建成后,产量~百分之二十。

【徒增】túzēng　[动]白白地增加。例:过去的事情就让它过去吧,想得太多不是~烦恼吗?

肚子

【肚子】dǔ·zi　[名]供食用的动物的胃。例:他做了份糟猪~当下酒菜。

【肚子】dù·zi　①[名]腹部的俗称。也指人的肠胃部分。例:杨子荣躬着腰,捂着~,装出疼痛难忍的样子,走回自己的铺上。②[名]物体圆得像肚子的部分。例:这井~大,口儿小。

度过　渡过

【度过】dùguò　[动]在时间上过了一段时候,多指时间在工作、生活、休息等中消失。例:我在农村~了一个快乐的暑假。

【渡过】dùguò　[动]在空间上过了一段距离。多指由此岸到彼岸或通过困难、危机等。例:我们~了长江。

端详

【端详】duānxiáng ①[名]详情;问题的始末。例:欲知~,且听下回分解。②[形]端庄安详。例:她眉清目秀,举止~。

【端详】duān·xiang [动]仔细地看。例:他仔细~着纪念碑旁的浮雕。

煅烧　锻炼

【煅烧】duànshāo [动]把物料加热到低于熔点的温度,使其除去所含挥发性物质的过程。例:碳酸钙中存在的碳酸根,如果不经~除去,会在反应槽中引起泡沫生成。

【锻炼】duànliàn ①[动]对金属的锻造和冶炼。例:经过~,宝剑锋利异常。②[动]通过体育运动增强体质。例:经过一年的跑步~,他的体质强多了。③[动]通过实践活动提高自身的水平。例:经过下基层~,他已经能独当一面了。

对面　面对

【对面】duìmiàn [名]正前方。例:~有辆汽车开来了。

【面对】miànduì [动]面临;遭遇到。例:~这样纷乱的局面,小王感到困扰不安。

对头

【对头】duìtóu ①[形]正确;合适。例:只要方法~,效率一定会提高。②[形]正常。多用于否定。例:我已经觉察到这件事情很不~。③[形]合得来。多用于否定。例：他们两个人的脾气不~,相处不好。

【对头】duì·tou ①[名]敌对的方面;仇敌。例：这两支球队是冤家~。②[名]对手。例：他在公司里有很多~。

对应　应对

【对应】duìyìng ①[动]一种事物与另一种事物的情况一致。例：所谓风险与报酬~就是说承受多大的风险就应该获得多高的收益。②[形]针对某一种情况的;与某一种情况相应的。例：这张表显示了预收账款增速与商品房销售面积增速的~关系。

【应对】yìngduì ①[动]对答;答对。例：他善于~不同的谈判对象。②[动]采取措施或对策以应付出现的情况。例：他坚信一定能找到~困难的办法。

对证　对症

【对证】duìzhèng [动]核对证实。例：这件事情要等他来了才能当面~。

【对症】duìzhèng [动]针对具体的病情。例：这种病如果能~治疗,就可以减轻患者的痛苦。

多少

【多少】duōshǎo ①[名]指数量的大小。例：为了做成这件展品,他不知花了~个日夜。②[副]或多或少。例：无论你给我~钱,反正我不干了。③[副]稍微。例:听了他的一番话,我的心情~平静了一些。

【多少】duō·shao ①[代]问数量。例:这套工具书定价~? ②[代]表示不定的数量。例:你又不是当事人,其中的苦楚你能说出~?

垛口

【垛口】duǒkǒu [名]城墙上呈凹凸形的短墙。例:他一口气爬上山顶,眺望着远方的长城,眺望着静谧的城墙上的~。

【垛口】duòkǒu [动]曲艺演员将多句押韵的歌词一句紧接着一句地唱出来。例:这位曲艺演员的~引得阵阵掌声。

垛子

【垛子】duǒ·zi [名]墙上向外或向上突出的部分。例:房屋年久失修,墙上的~也掉了一个。

【垛子】duò·zi [名]整齐地堆成的堆。例:他不小心把烟头扔在草~上,引发了火灾。

堕落 坠落

【堕落】duòluò [动]思想、品德、行为等变坏。例:他经不起物质的引诱,受贿贪污,吃喝玩乐,渐渐地~下去。

【坠落】zhuìluò [动]掉落。例:一架飞机在空中摇晃了几下,便~到大海中。

发挥　挥发

【发挥】fāhuī ①[动]把意思和道理充分表达出来。例：他借题～，整整讲了一个小时。②[动]把内在的性质或能力表现出来。例：少先队员在这次活动中～了模范作用。

【挥发】huīfā [动]液体成为气体向四周散发。例：酒精、汽油都能～。

发配　配发

【发配】fāpèi [动]古代的一种流刑，将罪犯解押到边远地方当兵或服劳役。例：林冲因得罪了高太尉而被～来沧州。

【配发】pèifā ①[动]报刊上为配合所刊登的内容而发表图片或评论等。例：今天的报纸还为这篇报道～了编者按。②[动]按照一定的标准分发配备。例：公司为每位员工～了手机与电脑。

发行

【发行】fāháng [动]批发。例：受到网络和电子出版物的影响，图书～市场略显萧条。

【发行】fāxíng [动]发出新印制的货币、邮票、公债或新出版的书刊、新制作的电影等。例:他从事出版工作多年,但在图书~方面的经验还很欠缺。

发蒙

【发蒙】fāmēng [动]糊涂;弄不清楚。例:这个消息来得太突然,令人~。

【发蒙】fāméng [动]启发蒙昧。后也指教儿童、少年开始识字读书。例:郭沫若~两三年以后,先生便要教他作对子。

发生 生发

【发生】fāshēng [动]原来没有的事出现或产生出来。例:近年来,农村的面貌~了巨大的变化。

【生发】shēngfā [动]滋生;产生。例:这首诗抒写了身在异乡的诗人在中秋佳节到来之时~的思乡之情。

发送

【发送】fāsòng [动]发出;送出。例:长途汽车站每天~大量的旅客。

【发送】fā·song [动]送终。指办理丧事。例:这家公司专门承接~业务。

发源 发愿

【发源】fāyuán ①[动]河流开始流出。例:红河~于云南省的崇山峻岭间。②[动]事物的开端。例:诗是从民歌~的,或多或少地从民歌中吸取了养料和形式。

【发愿】 fāyuàn [动]表明心愿或愿望。例:政府机关的工作人员不能以起誓~的形式干工作。

番番　　翻翻

【番番】 fānfān [副]一次又一次。例:长老怒声叫道:"悟空!你这猢狲,~害我!"

【翻翻】 fānfān [形]翻腾的样子。例:货船迎着~巨浪航行。

反叛

【反叛】 fǎnpàn [动]背叛;叛变。例:当年他曾经勇敢地~过自己的传统家庭。

【反叛】 fǎn·pan [名]背叛者;叛逆者。例:在成长的道路上,科比一直被视作~,但是最后大家对他所做的一切称赞有加。

反响　　反向

【反响】 fǎnxiǎng [名]反应;回响。例:这个决定一宣布,立即引起了强烈的~。

【反向】 fǎnxiàng [动]与原来的或规定的方向相反。例:侧逆型思维包括~思维和侧向思维。

反正　　反证

【反正】 fǎnzhèng ①[副]表示情况虽然不同,但结果并无区别。**例**：不管是你还是他，～都要达到体锻标准。②［副］表示肯定、坚决的语气。**例**：不管多晚，～这个实验我是要完成的。

【**反证**】fǎnzhèng ①［名］可以驳倒原论证的证据。**例**：哲学、逻辑学、心理学的建立提出了～，说明人类的思维有许多共通的东西。②［动］由证明与论题相矛盾的判断是不真实的来证明论题的真实性，是一种间接论证。**例**：关于魏延这个建议的正确性可以从司马懿的一段话中得到～。③［名］诉讼中当事人为推翻对方主张的事实而提出的相反事实的证据。**例**：他人主张占有人没有其就占有物所行使的权利时，必须提出～。

犯规　　规范

【**犯规**】fànguī ［动］违犯规则、规定。**例**：篮球场上六次～队员就要被判罚离场。

【**规范**】guīfàn ①［名］标准；典范。**例**：我们一定要遵守工作～。②［形］合乎规范。**例**：你剪发的动作很不～。

犯疑　　疑犯

【**犯疑**】fànyí ［动］起疑心。**例**：你这样急地当一件正经事去问他，岂不叫人～！

【**疑犯**】yífàn ［名］指犯罪嫌疑人。**例**：经过几个月的明察暗访，公安人员终于锁定了这起杀人案的～。

方向

【方向】fāngxiàng ①[名]指东、西、南、北等。例:他们在森林里迷失了～。②[名]正对的位置。例:顺着她所指的～望去,原来收款台在楼梯旁边。③[名]比喻前进的目标。例:考上大学后,他一时没有了～,除了上课,就去泡网吧。

【方向】fāng·xiang [名]情况和趋势;形势。例:欧元对美元汇率～不容乐观。

方丈

【方丈】fāngzhàng ①[名]一丈见方。例:窗外的小院子不满～。②[量]平方丈。例:项脊轩仅一～,可容一人居。

【方丈】fāng·zhang ①[名]寺院住持的居处。例:那尼姑连忙出门迎接,邀入～。②[名]寺院的住持。例:～是寺院的最高领导者。

芳名　　芳茗

【芳名】fāngmíng ①[名]美好的名声。例:大雄宝殿东侧后墙上嵌有一碑,上刻捐款者～。②[名]对年轻女性名字的美称。例:他的女儿,～明慧,名实相副,以美艳聪慧饮誉于宗室之中。

【芳茗】fāngmíng [名]香茶。例:他们曾同饮过抱朴庐内的～。

防暴　　防爆

【**防暴**】fángbào　[动]防止暴乱的发生。**例**：他是一名～警察。

【**防爆**】fángbào　[动]防止破坏性爆炸的发生。**例**：技术员告诉我,这是一台～压缩机。

放情　　放晴

【**放情**】fàngqíng　[动]纵情;尽情。**例**：这首诗如此～地赞美着青春。

【**放晴**】fàngqíng　[动]雨雪后天气转晴。**例**：一连下了几天雨,今天终于～了。

飞腾　　腾飞

【**飞腾**】fēiténg　[动]迅速飞起;很快地向上升。**例**：一条条山脉被白雪掩盖,蜿蜒起伏,好像无数条银蛇在～起舞。

【**腾飞**】téngfēi　①同"飞腾"。②[动]迅速崛起和发展。**例**：这个城市的经济～,带动了边缘地区的发展。

菲菲　　霏霏

【**菲菲**】fēifēi　①[形]花草茂盛、美丽的样子。**例**：春月娟娟,春花～。②[形]花草香气浓郁。**例**：花园里的花草吐芳扬烈,郁郁～。

霏霏

【霏霏】fēifēi ①[形]雨、雪纷飞的样子。例:天仍在下着~细雨,天空里墨黑的云层仍未消散,似乎在酝酿着另一场新的暴雨。②[形]烟、云等很盛的样子。例:放眼望去,云雾~,不见春的明丽,却见秋的阴郁。

狒狒　沸沸

【狒狒】fèifèi [名]兽名。哺乳动物,身体像猴,头部像狗,毛色灰褐,四肢粗,尾细长。群居,杂食。多产于非洲。例:我国古代传说中已有类似~的动物。

【沸沸】fèifèi [形]喧嚷、喧嚣的样子。例:窗外笙歌~,而室内却安然独静。

废物

【废物】fèiwù [名]不再具有使用价值而被废弃的东西。例:有机~处理技术获国家技术发明奖。

【废物】fèi·wu [名]骂人的话。指没有用的人。例:他有时觉得自己就是个什么事情都做不了的~。

废止　废址

【废止】fèizhǐ [动]取消;停止使用。例:标准的修改、~、由标准的审批机关批准、发布。

【废址】fèizhǐ [名]已经废弃的故址。例:随着各地的工业遗产旅游点的开发,老工厂虽然淡出公众的记忆,游人却在工业~上"听到"了历史回响。

分辨　　分辩

【分辨】fēnbiàn　[动]把不同的事物区分开来。例：这台仪器能~纸币的真伪。

【分辩】fēnbiàn　[动]为消除误会、指责而进行辩白。例：你不要再~了,事实已摆在眼前了。

分汊　　分权

【分汊】fēnchà　[动]水流出现分支。例：这条河在村口~,分成两条小河,一条向东流,一条向南流。

【分权】fēnchà　[动]树枝出现分支。例：这棵树~后,树冠也变大了。

分列　　分裂

【分列】fēnliè　[动]分别排列。例：你从东部新辟的大门进去,迎面就可看到新叠的湖石~三面,点缀得楚楚可观。

【分裂】fēnliè　①[动]整体分开。例：每对染色体纵向~为两组。②[动]使整体分开。例：因为他的挑唆已经在船员中造成了不和,而他还在制造~。

分争　　纷争

【分争】fēnzhēng　[动]分辩争论。例：会场上辩论双方据理~,场面非常热闹。

【纷争】fēnzhēng　①[动]争论;争执。例：春秋战国时代,列国～,许多部落互相并吞与联合。②[名]争端;纠纷。**例**：这场～是由于劳资双方对分配方案意见的不一致而引起的。

分子

【**分子**】fēnzǐ ①[名]把一个单位分成若干等份后其中的一份或几份的数。**例**：在分数中,写在分数线上面的数是～,写在分数线下面的数是分母。②[名]物质中能够独立存在的相对稳定并保持该物质物理化学特性的最小单元。**例**：原子通过一定的作用力,以一定的次序和排列方式结合成～。

【**分子**】fèn·zi [名]属于一定阶级、阶层、集团或具有某种特征的人。**例**：该书是目前国内所见的第一部系统研究青年知识～教育问题的专著。

芬芬　　纷纷

【**芬芬**】fēnfēn [名]芳香。**例**：他取出一小盒,启香燕之,香虽不多,～满室。

【**纷纷**】fēnfēn ①[形]多而杂乱的样子。**例**：听说航班继续延迟,乘客便议论～起来。②[副]接二连三地。**例**：为了赈救灾民,大家～捐钱捐物。

分子　　份子

【**分子**】fèn·zi [名]属于一定阶级、阶层、集团或具有某种特征的人。**例**：该书是目前国内所见的第一部系统研究青年知识~教育问题的专著。

【份子】fèn·zi ①[动]集体送礼时各人分摊的钱。**例**：老太太出主意让凑~给凤姐过生日。②[名]做礼物的现金。**例**：他自己没有特别的嗜好，只是应酬不少，每月的~至少是收入的一半。

风光

【风光】fēngguāng [名]景象；风景。**例**：昆明湖~秀丽，吸引了不少中外游客。

【风光】fēng·guang [形]光彩；体面。**例**：你又不是没钱，一定要把事情办得~些！

风头

【风头】fēngtóu [名]风的势头。**例**：~如刀面如割，马毛带雪汗气蒸。

【风头】fēng·tou ①[名]形势的发展方向；与个人有利害关系的情势。**例**：眼看债主紧追不舍，他只得躲到乡下避避~。②[名]显示个人的表现。**例**：淄博萌娃在《出彩中国人》第二季启动发布会上抢尽~。

伏帖　伏贴

【伏帖】fútiē ①[形]舒适。**例**：在如此安静的环境中生活，她非常~。②[形]驯服；顺从。**例**：这些马被他训练得很~。

【伏贴】fútiē ①[形]贴得平伏而紧。例：这件衣服的领子做得很~。② 同"伏帖①"。

扶养　抚养

【扶养】fúyǎng　[动]照顾养活。例：奶奶全靠父亲来~的。
【抚养】fǔyǎng　[动]关心爱护并教育培养。例：~子女是父母的责任,赡养父母是子女的义务。

付款　附款

【付款】fùkuǎn　[动]支付款项。例：没有按合同规定的日期~或提货,应偿付违约金。
【附款】fùkuǎn　[名]附带条款或款项。例：这几项~是对前一份合同内容的补充。

负心　贞心

【负心】fùxīn　[动]背弃情义。多指移情别恋。例：忠贞的爱情容不下~的背叛。
【贞心】zhēnxīn　[名]坚贞不移的心地。例：他对水文事业的~值得我们学习。

妇道

【妇道】fùdào　[名]旧时指妇女应遵守的道德规范。例：她深受封建道德的熏陶,处处用三从四德来束缚自己,以顺为正、克尽~是她的忠实信条。

【妇道】 fù·dao [名]指妇女。**例**：此人封建意识很强,总认为~人家是办不成大事的。

复议　　腹议

【复议】 fùyì [动]对已做决定或裁决的事重新讨论、裁决。**例**：事关全体员工的权益,董事会还要专门召开会议进行~。

【腹议】 fùyì [动]嘴上没说但心里对人有看法。**例**：在我国古代封建专制制度之下,不仅有诽谤、妖言等罪名,连~也是不允许的。

Gg

嘎巴

【嘎巴】gābā [拟声]形容响亮而短促的声音。例:只听～一声,树枝被他折断了。

【嘎巴】gā·ba [动]黏的东西干后粘在器物上。例:他把～在锅底上的饭粒都清除掉了。

嘎嘎

【嘎嘎】gāgā ①[拟声]形容禽鸟等的鸣叫声。例:卖馃子的人跑进去,鹅都～地高声叫唤。②[拟声]形容笑声。例:他正同人高谈阔论,不时～地笑着。③[拟声]形容物体活动时发出的声音。例:筏身在转动中,发出～的声音,如人身骨节作响时情形。

【嘎嘎】gá·ga [名]一种两头尖、中间大的儿童玩具。亦称为尜尜、陀螺。例:抽～时,须有一片平整干净且较为光滑的场地。

嘎嘎　戛戛

【嘎嘎】gāgā ①[拟声]形容禽鸟等的鸣叫声。例:卖馃子的人跑进去,鹅都~地高声叫唤。②[拟声]形容笑声。**例:** 他正同人高谈阔论,不时~地笑着。③[拟声]形容物体活动时发出的声音。**例:** 筏身在转动中,发出~的声音,如人身骨节作响时情形。

【戛戛】 jiájiá ①[形]困难的样子。**例:** 这件事情你想求助于他?~乎难矣!②[形]独特的样子。**例:** 这款~别致的跨界版车型采用了热焰红车漆。

杆子

【杆子】 gān·zi ①[名]直立在地上的有一定用途的细长的木头或类似的东西。**例:** 电线~就像一个个哨兵屹立不动。②[名]结伙抢劫的土匪。**例:** 那些~原来有一两千人,后来散了一些。

【杆子】 gǎn·zi 同"杆子①"。

杆子　　秆子

【杆子】 gǎn·zi [名]直立在地上的有一定用途的细长的木头或类似的东西。**例:** 他竟然把广告牌安装在电线~上。

【秆子】 gǎn·zi [名]某些植物的茎。**例:** 这些高粱~可以当柴烧。

柑橘　　橘柑

【柑橘】 gānjú [名]橘、柑、橙、金橘、柚、枳等的总称。**例:** 这个水果农场出产的~,品种纯正,果肉脆嫩,皮薄多汁,酸甜适口。

【橘柑】júgān [名]橘子。例:~中含有的维生素A能够增强人体在黑暗环境中的视力和治疗夜盲症。

赶场

【赶场】gǎncháng [动]赶集。例:大家同路到威远去~。

【赶场】gǎnchǎng [动]演员在一个地方表演完毕之后赶紧到另一个地方去表演。例:婚庆主持~婚礼,一天超过五场。

干事

【干事】gànshì [动]办事。例:吃了午饭我们一块去~。

【干事】gàn·shi [名]专门负责某项具体事务的人员。例:他在校宣传部任宣传~。

刚要　　纲要

【刚要】gāngyào [副]正要;将要。例:他~离开就被我拦住了。

【纲要】gāngyào [名]大纲;要领。例:读了本书~,就可以大致了解书的内容了。

戆头戆脑　　憨头憨脑

【戆头戆脑】gàngtóu gàngnǎo [形]愣头愣脑;傻头傻脑。例:这个~的小子能办成啥事?

【憨头憨脑】hāntóu hānnǎo ［形］纯朴老实；呆头呆脑。例：他这人表面上看～,其实一肚子坏水,流到哪里,哪里出祸事。

高新　　高薪

【高新】gāoxīn ［形］新兴的、在一般标准或平均程度之上的。例：～技术是指那些对一个国家或一个地区的政治、经济和军事等各方面的进步产生深远影响并能形成产业的先进技术群。

【高薪】gāoxīn ［名］高额的工资、报酬。例：他们准备～聘请技术人员。

杲杲　　杳杳

【杲杲】gǎogǎo ［形］明亮的样子。例：室外秋阳～,室内学艺融融。

【杳杳】yǎoyǎo ①［形］幽远的样子。例：苍苍竹林寺,～钟声晚。②［形］渺茫的样子。例：他正在整理父亲留下的遗物,至快下月初能完成,倘一间断,就难免因此放下,再开手就～无期了。

告诉

【告诉】gàosù ［动］受害人向法院提起诉讼。例：这几类犯罪,只有被害人和其法定代理人～的,刑法才予处理。

【告诉】gào·su ［动］把事情说给别人听；让人知道。

例:~你一个振奋人心的好消息。

格格

- 【格格】gēgē ①[拟声]形容笑声。例:她~地笑个不停。②[拟声]形容咬牙声。例:牙齿咬得~响。③[拟声]形容机关枪声。例:远处传来~的枪声。④[拟声]形容某些鸟鸣声。例:鸟儿~地叫个不停。
- 【格格】gégé [形]互相抵触;不投合。例:他俩的意见、观点总是~不入。
- 【格格】gé·ge [名]清代皇族、宗室女儿的一种称号。例:还珠~。

歌颂 颂歌

- 【歌颂】gēsòng [动]用诗歌颂扬。也泛指用语言文字赞美。例:这是一部~改革开放的优秀电视剧。
- 【颂歌】sònggē [名]赞美人或事物的歌曲和诗文。例:这是一曲英雄的~。

隔断

- 【隔断】géduàn [动]阻隔;隔开。例:她坚信,母女之间的亲情是风吹浪打不能拆开的,万水千山不能~的。
- 【隔断】gé·duan [名]把屋子某个空间分隔开的遮挡物件。例:硅酸钙板~是由硅质材料和钙质材料经水热合并掺入纤维材料和轻骨料制成的一种装饰面板。

隔膜　膈膜

【隔膜】gémó　①[名]彼此情意沟通的障碍。**例**：通过思想政治工作缓解矛盾、消除～、疏通感情可以促进企业内部的团结。②[形]情意不相通,互不了解。**例**：那辆车给祥子以最顺心的帮助,他与它之间没有一点～别扭的地方。③[形]对事物的了解停留在表面,看不清实质。**例**：我对电子计算机一点也不懂,实在～得很。

【膈膜】gémó　[名]人或哺乳动物胸腔和腹腔之间的膜状肌肉。也称横膈膜。**例**：～收缩时胸腔扩大,松弛时胸腔缩小。

跟前

【跟前】gēnqián　①[名]身边;附近。**例**：李英悄悄地走到小兰～。②[名]临近的时间。**例**：高考～,一定要合理安排每天的复习时间。

【跟前】gēn·qian　[名]身体的近旁(专指有无儿女说)。**例**：他～没有儿女。

跟前　眼前

【跟前】gēnqián　①[名]身边;附近。**例**：李英悄悄地走到小兰～。②[名]临近的时间。**例**：高考～,一定要合理安排每天的复习时间。

【眼前】yǎnqián　①[名]眼睛前面。**例**：走出峡谷,～出现一片平原。②[名]目前;现在。**例**：你们不能光顾～利益,目光要放得远一点。

哽塞　梗塞

【哽塞】gěngsè ［动］因感情激动等原因喉咙阻塞发不出声音。例：他心里一酸，喉咙便～了。

【梗塞】gěngsè ①［动］有障碍而不能通过。例：前面道路～，车辆只能绕道而行。②［动］局部血管堵塞，血流停止。例：他因脑部～而住院治疗。

工读　攻读

【工读】gōngdú ①［动］用劳动所得供自己读书。例：他年轻时去过美国，在那里～自助。②［名］对有违法或轻微犯罪行为的青少年进行改造挽救的教育。例：他初中时因交友不慎而被送进～学校。

【攻读】gōngdú ［动］勤奋学习、钻研某门学问。例：他让爷爷给寄来了好多的中医医书，刻苦～。

工夫　功夫

【工夫】gōng·fu ①［名］空闲时间。例：今天我没～陪你逛大街。②［名］做事所需要的时间和精力。例：做这道菜既费油盐又费～。

【功夫】gōng·fu ①［名］本领或技艺。例：这位魔术演员～不错。②［名］指武术。例：他精通中国～。③同"工夫②"。

工力　功力

【工力】gōnglì　①[名]完成一项工程所需的人力或人工。例：这项工程需要大量～,现有人手肯定不够。②同"功力②"。

【功力】gōnglì　①[名]功能;效率。例：这种杀虫剂～强大。②[名]在技艺或学术上的造诣。例：老舍的旧体诗写得很好,有才情,也有～。

工人　人工

【工人】gōngrén　[名]个人不占有生产资料,依靠工资收入为生的体力劳动者。例：我父亲是印刷厂的～。

【人工】réngōng　①[形]指人力所为的。例：这条运河是～河。②[名]人力。例：抽水机坏了,只能用～排水。③[名]工作量的计算单位。指一个人做工一天。例：请你估计一下,这项工程需要多少～。

工效　功效

【工效】gōngxiào　[名]工作效率。例：改进了生产工艺后,提高了一倍多。

【功效】gōngxiào　[名]功能;效率。例：悠扬清新的乐曲对情绪性高血压患者有降低血压的～。

工业　功业

【工业】gōngyè　[名]采取自然物质资源制造生产资料、生活资料或对农产品、半成品等进行加工的生产事业。**例**：～可分为采掘工业和加工工业,又可分为重工业和轻工业。

【**功业**】gōngyè　[名]功勋事业。**例**：祖国和平统一,乃千秋～。

工用　　功用

【**工用**】gōngyòng　[形]为工业或工人所使用的。**例**：这些都是～物资,必须尽快运送到目的地。

【**功用**】gōngyòng　[名]功能;作用。**例**：在静寂的夜里,他的耳朵会有类似眼睛的～,楼下的一切,好像看得异常清楚。

公差

【**公差**】gōngchā　①[名]机器制造业中,对机械或机器零件的尺寸许可的误差。**例**：对于机械制造来说,制定～的目的就是为了确定产品的几何参数,使其变动量在一定的范围之内,以便达到互换或配合的要求。②[名]等差级数中的任意一项与它的前一项的差永远相等叫公差。**例**：在等差级数1+4+7+10+13+…中的3为～。

【**公差**】gōngchāi　①[名]临时派遣去做的公务。**例**：这个星期他将出个～。②[名]旧时官府里的差役。**例**：只听见薄板门呀的一声,走进来一个穿件灰布军服的～。

公安　　公案

【**公安**】gōng'ān　①[名]社会整体(包括社会秩序、公共财产、公民权利等)的治安。例：～机关是政府的一个职能部门。②[名]公安人员。例：他们一家三代都是～。

【公案】gōng'àn ①[名]旧时指审理案件时用的桌子。例：～上堆满了这起案子的卷宗。②[名]疑难案件。泛指有纠纷或离奇的事情。例：关于这段～历史会给予公正的评判。

公道

【公道】gōngdào [名]公正的道理。例：这件事究竟谁是谁非，领导应该主持～。

【公道】gōng·dao [形]公平合理。例：买卖要～合理。

公里　　公理

【公里】gōnglǐ [量]公制长度单位。1公里等于1千米。例：我们的厂房在郊区，离这儿至少有10～路程。

【公理】gōnglǐ ①[名]已为实践所反复证明而被认为无须再证明的真理。例："等量加等量其和相等"这是～。②[名]依据人类理性和愿望发展起来而共同遵从的道理。例：世界有强权，但不能没有～啊!

公元　　公园

【公元】gōngyuán [名]国际通用的公历纪元，是大多数国家纪年的标准，从传说中的耶稣诞生之年算起。我国从1949年正式规定采用公元纪年。例：今年是～2023年。

【公园】gōngyuán [名]供公众游览休息的园林。例：星期天,～里的游客特别多。

公正　　公证

【公正】gōngzhèng ［形］公平正直;不偏袒。例:办事～的领导总是受大家拥护的。

【公证】gōngzhèng ［动］有关权力机关对于民事上权利义务关系所做的证明,如合同、遗嘱等都可申请公证。例:这些财产如何分割,最好能～一下。

共事　　供事

【共事】gòngshì ［动］在一起工作。例:他俩～多年,合作得很愉快。

【供事】gòngshì ［动］担任职务。例:他的祖上曾在衙门内～。

勾通　　沟通

【勾通】gōutōng ［动］勾结串通。例:不法商贩暗中～,企图哄抬物价。

【沟通】gōutōng ［动］使各方面互相连通。例:大桥～了南北交通,繁荣了两岸经济。

构置　　购置

【构置】gòuzhì ［动］建构;设置。例:这幢大楼的消防系统设计得不合理,需要重新～。

【购置】gòuzhì ［动］购买;置办。例:那时美术书不算很贵,个人还～得起的。

咕唧

【咕唧】 gūjī ［拟声］形容物体从稀泥里用力拔出时发出的声音。例：他在雨后的泥地里走,脚底下～～地直响。

【咕唧】 gū·ji ［动］自言自语或小声交谈。例：他一边走一边～着什么。

咕噜

【咕噜】 gūlū ［拟声］形容流水声或东西滚动的声音。例：只见一块石头～～地滚下山去。

【咕噜】 gū·lu ［动］小声地说话。多指自言自语并带有不满情绪。例：他低着头嘴里不知～些什么。

呱呱

【呱呱】 gūgū ①［拟声］形容小儿的哭声。例：他～降生在一艘航行在太平洋上的外轮上。②［拟声］形容哀哭声、哀叫声、饮水声等。例：那木匠站在水瓮前～喝了半瓢凉水。

【呱呱】 guāguā ①［形］说话流利的样子。例：他小嘴～,有声有色,老师、同学听得满有兴味儿。②［拟声］形容鸭子、青蛙的鸣叫声。例：小青蛙～叫,吃害虫,保庄稼。

姑娘

【姑娘】 gūniáng ①［名］父亲的姐妹。例：他的～膝下无子,全靠他赡养。②［名］丈夫的姐妹。例：她与～相处得非常好。

【**姑娘**】gū·niang ①[名]未婚女子。例：传说抢到新娘捧花的～将成为下一个步入婚姻殿堂的幸运儿。②[名]女儿。例：他用父爱延续着～的生命。

姑爷

【**姑爷**】gūyé [名]父亲的姑父。例：他父亲有三个～。
【**姑爷**】gū·ye [名]岳家称女婿为姑爷。例：随着越来越多的"85后"甚至"90后"加入～队伍，给传统的"姑爷节"带来了新的节日理念，更加健康、清新的蔬菜水果礼品逐渐代替了传统的香烟白酒。

故世　世故

【**故世**】gùshì [动]去世。例：父亲的～，在明明幼小的心灵投下了一道阴影。
【**世故**】shìgù [名]处世经验。例：他还年轻，不懂人情～，请您多多关照。

故事

【**故事**】gùshì ①[名]旧事；以往的事情。例：他听外婆说的最多的就是外公的陈年～。②[名]先例；旧日的典章制度。例：在CBA的历史上，之前还从未有一支球队能够在0比2落后的情况下成功翻盘的～。
【**故事**】gù·shi ①[名]有连续性、有吸引力、能感动人、可用作讲述对象的事情,包括真实的和虚构的。**例**:让感天动地的英雄成为中国～的主角。②[名]文艺作品中用来体现主题的情节。**例**:这次评选摄影作品,在看重图片视觉冲击力之外,更注重图片的～性以及传达出来的社会力量。

故事　　事故

- 【故事】gùshì　①[名]旧事;以往的事情。**例**:他听外婆说的最多的就是外公的陈年～。②[名]先例;旧日的典章制度。**例**:在CBA的历史上,之前还从未有一支球队能够在0比2落后的情况下成功翻盘的～。
- 【事故】shìgù　[名]意外发生的变故或灾祸。**例**:这次～的原因正在调查中。

雇佣　　雇用

- 【雇佣】gùyōng　[动]用货币购买劳动力。**例**:这名小老板～了几个帮工。
- 【雇用】gùyòng　①同"雇佣"。②租用。**例**:为了做好搬迁工作,该公司～了几辆集装箱卡车。

怪癖　　怪僻

- 【怪癖】guàipǐ　[名]古怪的、与众不同的癖好。**例**:这是她从生下来就有的～,这辈子怕是改不掉了。
- 【怪僻】guàipì　[形]古怪孤僻。**例**:你性情如此～,叫别人怎么与你相处?

乖乖

【乖乖】guāiguāi ①[形]顺从、听话的样子。例：无论在家庭、学校还是社会，让家长不操心、招老师喜欢、得上司放心是～女最大的优点和特长。②[名]对小孩的爱称。例：你真是个漂亮的小～。

【乖乖】guāi·guai [叹]用在句首，表示吃惊、感叹。例：～！外面的雪下得这么大啊！

关说　　关税

【关说】guānshuō [动]代人陈说；从中替人说好话。例：这孩子被两个学校退了学，好容易请人～，才进了这所中学。

【关税】guānshuì [名]一国海关根据该国法律规定对进出口货物征收的一种税。例：征收～会引起进口商品的国际价格和国内价格的变动。

官价　　官阶

【官价】guānjià [名]政府规定的价格。例：该国石油公司对亚洲合同客户供应的各类原油～下调。

【官阶】guānjiē [名]官员的等级。例：清朝的～有"九品十八级"之分。

光火　　火光

【光火】guānghuǒ [动]发怒；恼火。例：当着大伙的面他不好意思~。

【**火光**】huǒguāng　[名]火发出的光。**例**:船到一个拐弯处,只见前面黑黢黢的山峰下有一星~蓦地一闪。

光荣　　荣光

【**光荣**】guāngróng　①[形]做了有利于人民和正义的事被公众承认和尊敬。**例**:他为了人民的利益~地牺牲了。②[名]荣誉。**例**:~属于祖国和人民。

【**荣光**】róngguāng　[形]荣耀;光荣。**例**:建设边疆是我们青年人的~任务。

光束　　光速

【**光束**】guāngshù　[名]成束状的光线。**例**:多伦多夜空出现神秘~,网友戏称外星人入侵。

【**光速**】guāngsù　[名]光波传播的速度,在真空中每秒约三十万千米,在空气中光速与此数值相近。**例**:~是自然界物体运动的最大速度。

犷野　　旷野

【**犷野**】guǎngyě　[形]粗犷狂野;强悍野蛮。**例**:这种动物的天性绝不凶猛,它们只是豪迈而~。

【**旷野**】kuàngyě　[名]空旷的原野。**例**:一群野马奔跑在辽阔的~上。

规整　规正

【规整】guīzhěng　[形]整齐;有规则。例:这座古塔全部用黑色的石头砌成,四边呈现不十分~的正方形。

【规正】guīzhèng　①[动]规劝改正。例:孩子犯了错该怎么~?要教会孩子保持冷静,学会理智处事。②[形]符合一定的标准。例:这里有一座古老的教堂,建筑古雅,不很~,是有山墙的那种房子。

规正　正规

【规正】guīzhèng　①[动]规劝改正。例:孩子犯了错该怎么~?要教会孩子保持冷静,学会理智处事。②[形]符合一定的标准。例:这里有一座古老的教堂,建筑古雅,不很~,是有山墙的那种房子。

【正规】zhèngguī　[形]符合正式规定的或一般公认的标准的。例:她的舞蹈动作受过~训练。

呱呱　蝈蝈

【呱呱】guōguō　[拟声]形容青蛙的叫声。例:月亮出来了,夜风清凉,蛙鸣~。

【蝈蝈】guō·guo　[名]一种昆虫,俗称叫哥哥。身体绿色或褐色,腹大,翅短,善跳跃,吃植物的嫩叶和花。雄的借前翅基部摩擦发声。例:~、蟋蟀和没有睡觉的青蛙、知了,在草丛中、池塘边、树陈上轻轻唱出抒情的歌曲。

果子　　馃子

【果子】guǒ·zi ①[名]可以吃的果实。例：也许是阳光水分更充足一些的缘故,靠近大路的一棵苹果树意外地结了超出其他果树数倍的～。②同"馃子"。

【馃子】guǒ·zi [名]一种油炸的面食。例：老年人由于生理功能日趋减退,肠道吸收能力差,不宜吃油腻及难以消化的～。

裹脚

【裹脚】guǒjiǎo [动]旧时女子缠足。把女孩子的脚用长布紧紧地缠住,使脚骨变成畸形。例：他听说中国的女人是～的,但不知道详细,所以要问我怎么裹法,足骨变成怎样的畸形。

【裹脚】guǒ·jiao [名]裹脚用的长条布。例：懒婆娘的～又长又臭。

过度　　过渡

【过度】guòdù [形]超过一定的限度。例：营养～,又不运动,会导致体重超标。

【过渡】guòdù [动]从一个阶段到另一个阶段。例：这是一段～期,我们要坚持到最后。

过房　　过访

【过房】guòfáng [动]本人无子而将兄弟之子或他人之子

转为己后。**例**：旧时~是件十分纯正甚至严谨的事。

【过访】guòfǎng ［动］登门探视访问。**例**：市领导先后~文化老人、文史馆高龄馆员。

过话　　过活

【过话】guòhuà ①［动］交谈；沟通。**例**：这件事情我还没和他~，不知他同意不同意。②［动］传话；捎话。**例**：昨日他妈妈已经~，知道你今天要来。

【过活】guòhuó ［动］度日；生活。**例**：一家三代几口人，就靠他一人挣钱~。

过虑　　过滤

【过虑】guòlǜ ［动］忧虑不必忧虑的事。**例**：这件事情就交给我吧，你不必~。

【过滤】guòlǜ ［动］用滤纸或其他多孔材料分离悬浮在液体或气体中的固体颗粒、有害物质的一种方法。**例**：这里的空气是那么清新，简直像用什么~过似的。

海拔　　海报

【海拔】hǎibá　[名]地面某个地点或地理事物高出或低于海平面的垂直距离。例：上海的平均~高度为4米左右。

【海报】hǎibào　[名]用于宣传戏剧、电影等演出或球赛等活动的招帖。例：他专门收集20世纪30年代时的各类~。

海难　　海滩

【海难】hǎinàn　[名]船舶在海上所发生的灾难,如失火、沉没等。例：他们在旅行中遇上~,幸运的是经抢救终于脱险。

【海滩】hǎitān　[名]海边的沙滩。例：~上有许多五颜六色的贝壳。

颔联　　颈联

【颔联】hànlián　[名]律诗的第三、第四两句,一般要求对仗。例：这首五律诗言辞简练,~对仗十分工整。

【颈联】jǐnglián [名]律诗的第五、第六两句,一般要求对仗。例:《次北固山下》的~是:"海月生残夜,江春入旧年。"

行道

【行道】háng·dao [名]职业;行当。例:他喜欢自己的职业,觉得这~很适合自己。

【行道】xíngdào [名]旧时指推行自己的政治主张或学说。例:焦裕禄为我们留下了宝贵的精神财富,成为党员干部立身~的一面镜子。

豪横

【豪横】háohèng [形]行为强暴蛮横。例:这对年轻夫妇~霸道。

【豪横】háo·heng [形]性格刚强有骨气。例:他~了一生,难道就真的把以前的光荣一笔抹去,而甘心向敌人低头吗?

好事

【好事】hǎoshì ①[名]有益的事情。例:在我们的身边总有那么些好人~,让生活更美好。②[名]慈善的事情。例:他是一名慈善家,细致周到地关爱着弱势群体,任何~都亲力亲为。

【好事】hàoshì [动]爱兴事端;喜欢多事。例:黔无驴,有~者船载以入。

号外　　外号

【号外】hàowài　[名]在遇有重大突发事件时,报社欲向大众作及时报道所临时印发的小张报纸,因其不在定期出版的顺序编号之内,故称号外。例:中国第一颗原子弹爆炸成功的时候,因为事先保密事发突然,所以《人民日报》采取了~的方式向全国人民公布了这一特大喜讯。

【外号】wàihào　[名]除人的本名外别人给另起的名字,多表现别人对该人特征的夸张。例:他脸长得黑,同学就给他起了个~叫泥鳅。

浩浩　　皓皓

【浩浩】hàohào　①[形]水盛大的样子。例:~长江水,奔流向东海。②[形]广大无际的样子。例:~的宇宙蕴藏着无穷的奥秘。

【皓皓】hàohào　[形]洁白、明亮的样子。例:他梦见自己对着~明月弯弓劲射。

合计

【合计】héjì　[动]并在一起计算。例:请把这几栏数字~一下。

【合计】hé·ji　①[动]盘算;考虑。例:你是个明白人,可以自己~一下是否划算。②[动]共同商量。例:皮氏串通王婆,和赵监生~毒死这男子。

合龙　合拢

【合龙】hélóng ［动］修筑堤坝或桥梁时从两端开始施工,最后在中间接合,称"合龙"。例:经过两年的施工,大桥终于～。

【合拢】hélǒng ［动］合在一起;闭合。例:他把桌上翻开的书一一～后,便起身向外走去。

合子

【合子】hézǐ ［名］生物体进行有性繁殖时雌性和雄性生殖细胞融合形成的一个新细胞。例:一些低等生物就没有"受精卵"这个概念但仍然成为～。

【合子】hé·zi ［名］一种类似馅饼的食品。例:韭菜～深受人们的喜爱。

合子　盒子

【合子】hé·zi ［名］一种类似馅饼的食品。例:我国北方有风俗曰:初一的饺子、初二的面、初三的～往家转,含有团团圆圆的美好寓意。

【盒子】hé·zi ［名］一种可盛放物体的器物,多为方形且有盖。例:这家网站为用户提供各种塑料～的供求信息。

和平　平和

【和平】hépíng ①［名］指没有战争的状态。例:世界人民要求～、反对战争的呼声日益高涨。②［形］温和的;不猛烈的。例:他性情～,很容易与别人相处。

【平和】pínghé ①[形]性情温和、不偏激。例:无论面对失败或成功都要有一颗平常心,心态～,才能戒骄戒躁。②[形]药物作用温和、不剧烈。例:茯苓味道甘甜,药性～,具有利水渗湿、益脾和胃、宁心安神之功用。③[形]环境和平、安宁。例:眩晕症患者,平时要避免太强烈的光线,保持生活环境的～安静。④[动]纷争停息。例:经过多方调停,一场纷争终于～下来。

河梁　河渠

【河梁】héliáng ①[名]桥梁。例:携手上～,游子暮何之?②[名]送别的地方。例:绣户新夫妇,～生别离。

【河渠】héqú [名]河流与渠道。泛指水道。例:那一带～密布如网。

恒湿　恒温

【恒湿】héngshī [名]相对稳定的湿度。例:冬天使用加湿器能让室内空气保持～状态,赶走干燥的烦恼。

【恒温】héngwēn [名]相对稳定的温度。例:这款磁化～热水器出热水快,水质也相当好。

横波　横渡

【横波】héngbō [名]介质质点的振动方向与传播方向垂直的波。例:无线电波和光波都是～。

【横渡】héngdù ［动］从江河湖海的此岸到达彼岸。例：她从英格兰东南部多佛尔的莎士比亚海滩下水,开始～英吉利海峡。

哄哄　　烘烘

【哄哄】hōnghōng ［形］嘈杂纷乱的样子。例：场内秩序相当混乱,场外也闹～地挤着一帮等待入场的球迷。

【烘烘】hōnghōng ［形］火旺的样子。例：一阵风过,遍地的枯草～地燃烧着。

红火　　火红

【红火】hónghuǒ ［形］兴旺、热闹的样子。例：小玲爸爸开了个饭店,他们家的日子越过越～。

【火红】huǒhóng ①［形］像火一样红。例：～的太阳从东方升起。②［形］旺盛;热烈。例：我们要把～的青春献给祖国壮丽的建设事业。

红云　　红运

【红云】hóngyún ［名］比喻脸上显出的红晕。例：几盅酒下肚,你的脸上就烧起～。

【红运】hóngyùn ［名］好的运气。例：他觉得自己这辈子从来没有走过～。

后幅　　后福

【后幅】hòufú ［名］后襟。例：潘先生关照大儿子拉着他的长衫～,他自己一只手牵着小儿子,另一只手牵着母亲。

【后福】hòufú [名]将来的或晚年的幸福。例:一生善良,必有～!

后晌

【后晌】hòushǎng [名]下午。例:你今天在她家住上一宿,明儿～,早早回来。

【后晌】hòu·shang [名]晚上。例:这条老路路灯失修,致使沿途居民～不敢出门。

呼号

【呼号】hūháo [动]因极度悲伤或处境艰难需要援助而哭嚎或叫喊。例:默克尔与奥朗德一道为俄乌和平奔走～。

【呼号】hūhào ①[名]无线通信中使用的各种代号。有时专指广播电台名称的字母代号。例:每一个电台的～在世界上是唯一的。②[名]某些组织用以表示激励式宗旨的专用口号。例:少先队的～:"准备着,为共产主义事业而奋斗!"

呼噜

【呼噜】hūlū [拟声]形容打鼾或吸食流汁等发出的声音。例:他～～几口就把一盒牛奶喝完了。

【呼噜】hū·lu [名]入睡后发出的呼吸粗鸣声。例:打～使睡眠呼吸反复暂停,会造成大脑、血液严重缺氧,从而诱发高血压、脑心病、心律失常、心肌梗死、心绞痛等。

忽忽　忽匆

【忽忽】hūhū　[形]形容时间过得很快。例：下乡的日子过得很快,～已有一个多礼拜了。

【忽匆】hūhū　[拟声]形容火烧声。例：大火烧得～的,幸亏消防人员及时赶到。

忽闪

【忽闪】hūshǎn　[动]光快速地闪动。例：几颗杀伤弹撂到旁边,只觉得地面～一下,从他脚下鼓起来,他就被震得不省人事了。

【忽闪】hū·shan　[动]闪耀;闪动。例：她黑黑的睫毛～～的,似显不显地露出一点年轻人的拘束和羞怯。

护养　养护

【护养】hùyǎng　①[动]保理培育。例：在她的精心～下,小白兔一天天长大了。②同"养护"。

【养护】yǎnghù　[动]保养维护。例：半夜时分高架路上有养路工在～道路。

花工　花功

【花工】huāgōng　[名]花匠。例：一名老～正在花园里拾掇着花木的断枝残叶。

【花功】huāgōng　[名]用花言巧语讨好别人的功夫。

花费

【花费】huāfèi ［动］因使用而耗费掉。例：为了使全班同学的学习更上一个台阶,张老师~了多少心血啊!

【花费】huā·fei ［名］消耗的钱。例：这次全家出游的~全部由他承担。

花境　　花镜

【花境】huājìng ［名］运用艺术手法模拟自然界中林地边缘地带多种野生花卉交错生长状态而设计的一种花卉应用形式。例：~布置一般以树丛、绿篱、矮墙或建筑物等作为背景,根据组景的不同特点形成宽窄不一的曲线或直线花带。

【花镜】huājìng ［名］矫正花眼用的眼镜。例："光明行进社区"活动,免费为社区60岁以上的老年人验光、配~。

花境　　化境

【花境】huājìng ［名］运用艺术手法模拟自然界中林地边缘地带多种野生花卉交错生长状态而设计的一种花卉应用形式。例：~布置一般以树丛、绿篱、矮墙或建筑物等作为背景,根据组景的不同特点形成宽窄不一的曲线或直线花带。

【化境】huàjìng ［名］奇妙的境界;幽雅清新的境地。例：杨丽萍跳的孔雀舞已达~。

花盆　盆花

【花盆】huāpén　[名]种花用的器具,多为口大底端小的倒圆台或倒棱台形状。例:小牛托着～,惋惜地说:"这棵五针松活不成了。"

【盆花】pénhuā　[名]栽培在花盆里的花草。例:这种植物对土壤要求不严,喜光但又能耐半阴,所以适合作室内～赏玩。

花期　花旗

【花期】huāqī　①[名]植物开花的季节或月份。例:梅花的～在早春。②[名]植物开花持续的时间。例:由于先花后叶,～较长,所以梅花盛开的时候,实际上给人一种不是冷清、反而是繁花似锦的感觉。

【花旗】huāqí　[名]指美国。因美国国旗的形象得名。例:因为美国国旗看起来较为花哨,故中国人以前称美国为～。

花蕊　花心

【花蕊】huāruǐ　[名]花的雌蕊与雄蕊的统称。例:复兴公园内百年黄荆紫色～布满枝头,引来游客驻足留影。

【花心】huāxīn　①[名]指爱情上不专一的感情。多用于男性。例:两人谈恋爱不久,那男的就起了～。②[形]指爱情上不专一。例:当她发现他是个～男人后,便决定与他分手。

花哨　　花销

【花哨】huā·shao　①[形]颜色鲜艳夺目。例：沙发上~的靠垫与客厅的氛围非常协调。②[形]花样多;变化多。例：电子游戏设计得越来越~。

【花销】huā·xiao　①[动]开支;花费。例：他每月的工资只够自己~。②[名]开支的费用。例：他们家人口多,~自然就大。

花眼　　眼花

【花眼】huāyǎn　[名]远视眼的俗称。也称老花眼。例：我在微信朋友圈里看到很多治疗~的偏方。

【眼花】yǎnhuā　[形]看东西模糊不清。例：奶奶年纪大了,耳聋~。

滑溜　　滑熘

【滑溜】huá·liu　[形]非常光滑。例：这两天雨水较多,客人进店时,他们总少不了提醒客人地面~,要注意脚下。

【滑熘】huáliū　[动]一种烹调方法。把切好的鱼、肉等用淀粉拌匀后用油炒,并加葱、蒜等作料,再勾上芡,使汁变浓。例：这道~鱼片口感鲜嫩。

化简　　简化

【化简】huàjiǎn　[动]物理、化学和数学等学科中指把复杂的式子化为简单的式子。**例**：期中试卷的最后一组题是方程式～。

【**简化**】jiǎnhuà　［动］把繁杂的变成简单的。**例**：请你们将申请入学的手续～一下。

画工　　画功

【**画工**】huàgōng　①［名］以绘画为职业的人。**例**：北宋初年建造玉清昭应宫,需要制作大量壁画,画院画家人手不足,便临时招募民间～共同完成。② 同"画功"。

【**画功**】huàgōng　［名］绘画技法。**例**：每一个画家,都十分重视～的研究和探索。

话口　　活口

【**话口**】huàkǒu　［名］口气;口风。**例**：听他的～儿,他的女儿今年要结婚了。

【**活口**】huókǒu　①［名］命案发生时在现场而没有被杀、可以提供线索或情况的人。**例**：该起凶杀案件没有留下～,给案件的侦查带来了一定的难度。②［名］可以提供情况的罪犯或俘虏。**例**：战争结束后,他们把这批～押往集中营。

怀抱　　环抱

【**怀抱**】huáibào　①［动］抱在怀里。**例**：嫣然～一只可爱的波斯猫。②［名］胸前;怀里。**例**：今天,我终于回到祖国的～。③［动］心里怀有。**例**：当年他们～着振兴中华的远大理想,到国外学习先进科学。

【环抱】huánbào [动]围绕。例:这幢小木楼被绿树～着。

还原　　还愿

【还原】huányuán ①[动]事物恢复到原来的状况或形状。例:现场已被破坏,无法～了。②[动]指含氧物质被夺去氧。例:铁矿石的～是通过燃烧焦炭产生的一氧化碳而得以实现。

【还愿】huányuàn [动]迷信指求神保佑的人偿还对神许下的诺言。例:两位信佛的老太太相约明日一早上观音殿～。

幻景　　幻境

【幻景】huànjǐng [名]虚幻的景象;幻想中的景物。例:买了彩票后发财的～开始在他的脑中浮动。

【幻境】huànjìng [名]虚幻神异的境界。例:山下金黄的麦浪和山上苍翠的青松,随着阵阵清风,奏出了一曲麦浪松涛唱和成韵的乐章,这仙乡的～使我们陶醉。

换挡　　换档

【换挡】huàndǎng [动]把机动车的排挡从一个挡位推至所需要的另一个挡位。例:手动挡汽车起步、～和低速刹车时需要踩下离合器踏板。

【换档】huàndǎng [名]空隙。例:工人们利用生产～加紧学习。

换发　　焕发

- 【换发】huànfā　[动]把旧的证件等收回换成新的。例：他的信用卡即将过期,银行给他～了新卡。
- 【焕发】huànfā　①[动]光彩四射。例：孩子考上大学,爸爸妈妈容光～,喜气洋洋。②[动]精神抖擞。例：参加运动会的学生们精神～。

涣涣　　焕焕

- 【涣涣】huànhuàn　①[形]水势盛大的样子。例：渭河的支流小南河、榜沙河、西河、山丹河纵横交错,流水～。②[形]消释的样子。例：他俩之间的误会早已～而释。
- 【焕焕】huànhuàn　①[形]光明、发亮的样子。例：节日的外滩,灯光～,令游客流连忘返。②[形]显赫的样子。例：他曾经是名声～的足球明星。

涣然　　焕然

- 【涣然】huànrán　[形]消散的样子。例：经过交换意见,他俩之间的误会～冰释。
- 【焕然】huànrán　[形]鲜明光亮的样子。例：自从有了中国共产党,中国革命的面目就～一新了。

荒乱　　慌乱

- 【荒乱】huāngluàn　[形]年荒世乱。指社会秩序极不安定。

例：这部小说描绘～年月老百姓生活的艰苦。

【慌乱】huāngluàn ［形］慌张忙乱。例：时间很紧急，～中他又走错了路。

黄芪　　黄芩

【黄芪】huángqí ［名］多年生草本植物，羽状复叶，小叶长圆形，花淡黄色。根黄色，可入药。例：～具有增强机体免疫功能、保肝、利尿、抗衰老、抗应激、降压等功效。

【黄芩】huángqín ［名］多年生草本植物，叶子披针形，花淡紫色，根黄色，可入药。例：～具有清热燥湿、泻火解毒、止血、安胎等功效。

遑遑　　惶惶　　煌煌

【遑遑】huánghuáng ［形］匆忙的样子。例：他行色～，一定有急事。

【惶惶】huánghuáng ［形］恐惧不安的样子。例：这家企业快要倒闭的消息令员工们～不安。

【煌煌】huánghuáng ［形］明亮辉煌的样子。例：车到外滩时，那里早已是灯火～了。

回访　　回放

【回访】huífǎng ［动］在对方来访后去拜访对方。例：我生病住院时有许多朋友来看我，我得一一～。

【回放】huífàng ［动］已经播放过的影视片、录像、音乐等重新播放。例：他正在～这场足球比赛的精彩镜头。

回还　　回环

【回还】huíhuán　[动]回到原处。例：岁月如梭,失去的青春不再～。

【回环】huíhuán　[动]曲折环绕。例：一条～曲折的田园小径通向农庄。

回来　　来回

【回来】huílái　[动]回到原来的地方。例：外出一月后,小强终于～了。

【来回】láihuí　①[动]在一段距离内去了再回来。例：他每天上下班～要两个多小时。②[名]往返一次。例：这辆货运车一天能跑几个～? ③[副]来来去去不止一次地。例：他在书房里～踱步。

会悟　　会晤

【会悟】huìwù　[动]领会;领悟。例：老所长这番话的深刻含义我是不能一下子完全～的,但老所长的话深深地打动了我的心。

【会晤】huìwù　[动]会见;会面。例：参加～的还有其他拥有核武器的国家的代表。

会议　　议会

【会议】huìyì　①[名]有组织、有领导地商议事情的集会。

例：在～上,我们讨论许多亟待解决的问题。②[名]一种商议处理重要事务的常设机构或组织。例：中国人民政治协商～举行了第十一次代表大会。

【议会】yìhuì [名]某些国家的最高立法机关或权力机关。例：克罗地亚提前举行～选举。

会社　　社会

【会社】huìshè ①[名]旧指政治、宗教、学术等团体。例：我国古代有许多如小刀会这样的民间～。②[名]公司;商行。来自日语。例：东渡日本后,他在东京的一家株式～工作。

【社会】shèhuì ①[名]指由共同物质条件而互相联系起来的人群。例：书籍能引导我们进入高尚的～并结识各个时代的伟大人物。②[名]指由一定的经济基础和上层建筑构成的整体。也叫社会形态。例：共产主义是无产阶级的思想体系和理想的～制度。

会堂　　堂会

【会堂】huìtáng [名]指供政治集会或举行文化、经济、学术会议的专用建筑。例：这个岩洞仿佛是个大～,周围是石壁,头上是高高的石顶。

【堂会】tánghuì [名]旧时家中有喜庆之事邀请艺人来举行的演出会。例：当年他祖父八十大寿的～,差不多把满京城的名角都叫齐了。

会商　　商会

【会商】huìshāng　[动]双方或多方共同商量。例：双方将针对这个问题进行～,共谋对策。

【商会】shānghuì　[名]商人依法组建的、以维护会员合法权益、促进工商业繁荣为宗旨的社会团体法人。例：中国电子～于1988年成立并在国家民政部登记注册。

荤话　　浑话

【荤话】hūnhuà　[名]脏话;粗俗下流的话。例：他很粗俗,～就像含在口里的水,一张口便会流出来。

【浑话】húnhuà　[名]不讲道理的话。例："我家的狗咬了人,我会付医药费。"这是某些养狗人士常说的～。

活话　　活活

【活话】huóhuà　[名]比较灵活而不很肯定的话。例：会谈结束时,双方都留有～：未来会继续探讨其他方式的合作机会。

【活活】huóhuó　①[副]在活的状态下。多指有生命的东西平白受害。例：高温来袭,他承包的鱼塘里的大部分鱼被～烫死。②[副]简直。表示完全如此。例：这女孩子的气质和脾性～就是她母亲年轻时的样子。

活口　　活扣

【活口】huókǒu　①[名]命案发生时在现场而没有被杀、可以提供线索或情况的人。例：该凶杀案件没有留下～,给案件的侦查带来了一定的难度。②[名]可以提供情况的罪犯或俘虏。例：战争结束后，他们把这批~押往集中营。

【活扣】huókòu [名]一拉就开的绳结。例：这家礼品公司规定所有送出货品的绳结只能系~。

活路　　活络

【活路】huólù ①[名]可通行的道路。例：这个村庄只有一条通向山外的~。②[名]比喻能够生活下去的办法。例：他家要是失去这几亩地，就没有一点儿~。③[名]比喻行得通的办法。例：大家都觉得他的主意好，或许为企业的生存找到了~。

【活络】huóluò ①[形]含糊；不明确。例：你当时如果能把话说得~些，也不至于这么被动了。②[形]灵活；不僵硬。例：人上了年纪，常常肢体麻木，关节不~。

火花　　火化

【火花】huǒhuā ①[名]迸发出的火焰。例：这些露天电焊工长年与烈日、~为伴。②[名]火柴盒上贴的画片。例：这些都是他父亲早年收集的~。

【火化】huǒhuà [动]用火焚化尸体。例：追悼大会结束后，他的遗体便~了。

火剪　　火箭

【火剪】huǒjiǎn ①[名]也叫火钳。生火时夹取柴火、煤炭的用具,形状像剪刀而特别长。**例**:这把~是他爷爷以前生炉子用的。②[名]烫发的用具,形状像剪刀。**例**:上世纪三四十年代,人们都用~烫头发。

【**火箭**】huǒjiàn　[名]利用发动机反冲力推进的飞行装置,速度很快,目前主要用来运载人造卫星、宇宙飞船等,也可装上弹头和制导系统制成导弹。**例**:中国研制出了长征系列~。

火炕　　火坑

【**火炕**】huǒkàng　[名]房间内可以烧火取暖的炕。**例**:以~为特征的起居风俗主要流行于我国北方亚寒带地区。

【**火坑**】huǒkēng　[名]极为悲惨痛苦的生活环境。**例**:那时的劳苦大众无论由农村跑到城市,还是由城市跑回农村,满地都是荆棘,都是~,真所谓走投无路。

火龙　　火笼

【**火龙**】huǒlóng　①[名]连成一串的灯火或连成一线的火焰。**例**:森林里的~借着风势迅速延伸。②[名]由炉灶通向烟囱的孔道。**例**:这条~需要整修一下。

【**火笼**】huǒlóng　[名]一种取暖用具,外形像缩小了的圆柱形花篮。也称烘篮。**例**:~是我们山村人家御寒取暖的平常器物,在寒冷的冬天里,几乎是人手一个。

火炉　　炉火

【**火炉**】huǒlú　[名]以煤或木柴等为燃料,用来烧水、做饭、取暖的炉子。例：冬天,要把～烧得旺旺的。
- 【炉火】lúhuǒ ①[名]炉中之火。例：他又朝炉灶里添了一些木柴,把～烧得旺旺的。②同"火炉"。

火烧

- 【火烧】huǒshāo [动]用火烧;被火烧。例：赤壁之战是孙、刘联手抗曹之战,离间计、苦肉计、～赤壁,环环相扣。
- 【火烧】huǒ·shao [名]流行于中国北方地区的一种特色传统名吃。例：山东～是一道美味可口的小吃。

火烧　　烧火

- 【火烧】huǒshāo [动]用火烧;被火烧。例：赤壁之战是孙、刘联手抗曹之战,离间计、苦肉计、～赤壁,环环相扣。
- 【烧火】shāohuǒ ①[动]使柴、煤等燃烧。例：这一天是四婶煮午饭,她的儿子阿牛～。②[动]指担负做饭、菜等炊事工作。例：他在公司食堂～做饭。

伙同　　同伙

- 【伙同】huǒtóng [动]指跟别人合在一起做某事。例：我～老同学开了一家书店。
- 【同伙】tónghuǒ ①[动]一起参加某种组织或某种活动。多含贬义。例：他俩～拦路抢劫被抓获。②[名]一起参加某种组织或某种活动的人。多含贬义。例：在有力的证据面前,嫌疑人不得不承认自己是盗窃组织的～。

或然　惑然

【或然】huòrán　[形] 或许可能；有可能却不一定。例：类比推理预测法的正确性是～的。

【惑然】huòrán　[形] 困惑不解的样子。例：这一人事变动，令全体员工感到～。

霍霍　嚯嚯

【霍霍】huòhuò　①[拟声] 形容磨刀等的声音。例：磨刀～向猪羊。②[形] 晶莹闪烁的样子。例：他的尖利的眼光～四射。

【嚯嚯】huòhuò　[拟声] 形容笑声。例：他的话逗得大伙～地笑。

讥诮　　机俏

【讥诮】jīqiào　[动]用冷言冷语嘲讽。例：李玉亭想起范博文和吴芝生他们对自己的～,心里又不自在起来了。

【机俏】jīqiào　[形]机灵俊俏。例：她的模样很～,细细的眉毛,大大的眼睛,洋溢着青春的活力。

机理　　肌理

【机理】jīlǐ　①[名]机器的构造和工作原理。例：变频器的～被广泛应用于各个领域。②[名]生物机体结构组成部分的相互关系及其间发生的各种变化过程的物理、化学性质和相互关系。例：尿毒症是一个非常复杂的病理过程,其发病～尚不清楚。

【肌理】jīlǐ　①[名]皮肤的纹理。例：她的皮肤相当白,～相当细。②[名]器物、花木、果实、水土等表面的纹理。例：民间有"东南之土～横,故宜水；西北之土～直,故不宜水"的说法。

机枪　　枪机

【机枪】jīqiāng　[名]能自动连续发射的枪,通常备有枪架。

例：～口吐出了一道长长的火舌。

【枪机】 qiāngjī　［名］组成枪械的零件，射击时用手扳动它使枪弹射出。例：他一扣～，子弹便飞了出去。

机体　　肌体

【机体】 jītǐ　［名］具有生命的个体的统称。例：疾病的发生、发展及变化，与患病～的体质强弱和致病因素的性质极为有关。

【肌体】 jītǐ　①［名］身体。例：运动员健康的～实在令人羡慕。②［名］比喻组织机构。例："有则改之，无则加勉"是抵抗各种政治灰尘和政治微生物侵蚀我们同志的思想和我们党的～的有效方法。

机心　　机芯

【机心】 jīxīn　［名］狡诈的用心。例：他虽然见过很多世面，但对人却毫无～，而对自己的未来充满信心。

【机芯】 jīxīn　［名］钟表、电机等内部的机器。例：他把家里座钟的～拆得乱七八糟。

犄角

【犄角】 jījiǎo　①［名］口语。物体两个边沿相接的地方。例：这张桌子的四个～都开裂了。②［名］角落。例：客厅的～里放着两个大木箱。

【犄角】 jī·jiao　［名］口语。指牛、羊、鹿等头上长出的坚硬的东西。例:牧羊人想把所有的羊都赶到羊圈里,可有一只小羊正在田边吃草,一直不肯进来,牧羊人就扔了一块石头过去,竟把小羊的~打断了。

及其　　极其

【及其】jíqí ［连］以及他(她、它)的;和他们(她们、它们)的。例:阅读本文要求能理解文章中几个成语的意思~在文章中的深刻含义。

【极其】jíqí ［副］非常;十分。例:在~艰苦的岁月里,他始终保持一个共产党人的崇高品质。

及至　　极致

【及至】jízhì ［连］等到某种情况出现。例:~犯了严重的错误方才加以注意,这不是爱护干部的办法。

【极致】jízhì ［名］最高的境界;达到的最高程度。例:我国的诗歌创作在唐朝时已经发展到了~,后人再按旧有观念和规范去创作,怎么也赶不上李白、杜甫,只能仰之弥高。

岌岌　　汲汲　　急急

【岌岌】jíjí ［形］高山要倾倒的样子。形容局势极其危险。例:中国日新月异的反卫星技术令美国太空主宰权~可危。

【汲汲】jíjí ［形］心情急切、急于想得到的样子。例:不戚戚于贫贱,不~于富贵。

【急急】jíjí ［形］急速的样子。例:他~地往外跑,不知发生

棘手　　辣手

- 【棘手】jíshǒu　[形]事情难办,像荆棘刺手。例:事情很~,不可能有回旋余地。
- 【辣手】làshǒu　①[名]毒辣或厉害的手段。例:她生性阴狠,口蜜腹剑,常常在迎人媚笑中就突下~。②[形]手段毒辣或厉害。例:犯罪分子使用~的阴招杀害了我们的战士。③同"棘手"。

集齐　　齐集

- 【集齐】jíqí　[动]所有的东西全部收集到。例:小时候为了~108张卡片,他不知道吃了多少方便面。
- 【齐集】qíjí　[动]有目的、有组织地聚集在一起。例:以雕塑的名义,13位顶尖艺术大师~武汉。

藉藉　　籍籍

- 【藉藉】jíjí　[形]众多而杂乱的样子。例:路骨~无主名,葬者死生俱未明。
- 【籍籍】jíjí　①[形]众口喧哗纷乱的样子。例:多方调解中的众口~犹如持续滴在冰面上的热水,只要持之以恒,也会金石为开。②[形]声名盛大的样子。例:吴梅先生研究范围深广,著作等身,被称为近代词曲大师,声名~。③[形]纵横交错的样子。例:这里阡陌交通,河道~。

挤挤　　济济

【挤挤】 jǐjǐ　[形]众多的样子。**例**：城区内有~的建筑群。
【济济】 jǐjǐ　[形]人多的样子。**例**：这家跨国公司里人才~。

计数

【计数】 jìshǔ　[动]计算;统计。**例**：参观郁金香展的游人多得难以~。
【计数】 jìshù　[动]统计数目。**例**：十进制是我们常用的~法。

计算　　算计

【计算】 jìsuàn　①[动]根据已知数用数学方法求未知数。**例**：他正在~产值。②[动]考虑;筹划。**例**：办事一定要有所~。③同"算计④"。
【算计】 suànjì　①[动]计算数目;盘算。**例**：小赵~了半天,总账还是有出入。②[动]考虑;打算。**例**：李老师一直在~怎样把班级工作搞得更好。③[动]估计。**例**：我~他今天肯定会来。④[动]暗中盘算着损害别人。**例**：他专门~别人,你得提防着点。

记工　　记功

【记工】 jìgōng　[动]记录工作时间或工作量。**例**：她插队落户时在公社当小学教师,按课时~。

【记功】jìgōng [动]记录功绩,以示奖励。例:所谓精神鼓励就是对先进人员给予荣誉方面的表彰,它包括表扬、~、记大功、通令嘉奖等形式。

记恨　忌恨

【记恨】jìhèn [动]把仇恨记在心里。例:吃五谷杂粮的人,哪个没有点毛病,我们总不能~人家一辈子。

【忌恨】jìhèn [动]因忌妒别人的才能而心生怨恨。例:他们也~那些有钱有地位的人。

记录　纪录

【记录】jìlù ①[动]把听到的话或发生的事写下来。例:同学们把先进事迹报告团讲话的重点~下来。②[名]当场记录下来的材料。例:请你把审讯~整理一下。③[名]做记录的人。例:今天的会议老李当~。④ 同"纪录"。

【纪录】jìlù [名]在一定时期、一定范围内记载下来的最高成绩。例:这次运动会有五人打破了全国~。

记事　纪事

【记事】jìshì [动]把事情记录下来。例:在文字产生之前,人类使用的~图画是孕育文字的母体,是文字起源的源头。

【纪事】jìshì ①[名]文体名。以记述事实经过为主。例:这篇~的描写笔法非常感动人。②[动]记叙事实。例:先秦散文以~、议论为主,范围相对狭小。

加仓 加仑

【加仓】jiācāng [动]指因持续看好某个股票而在该股票上涨的过程中继续追加买入。例:本周基金～明显,仓位再次触及历史高位。

【加仑】jiālún [量]英美制容量单位。美制1加仑等于3.785升,英制1加仑等于4.546升。例:美国零售汽油价持续八天上涨,每～售2.7美元。

家养 养家

【家养】jiāyǎng [形]家畜或动物由人工饲养的。例:作为～的茸用鹿主要有梅花鹿、马鹿、白唇鹿、水鹿。

【养家】yǎngjiā [动]供养家庭成员。例:他从20岁开始就挣钱～。

驾驶 驾驭

【驾驶】jiàshǐ [动]操纵车、船等运载工具行驶。例:据说谷歌和百度都在投入时间和资金开发无人～技术。

【驾驭】jiàyù ①[动]驱使车、马行进。例:这匹马根本不听指挥,实在难以～。②[动]服从自己的意志而行动。例:群众的意志是难以～的。

尖峭 尖削

【尖峭】jiānqiào [形]尖而陡。例:那～的、堆叠着众多岩石的山顶上长着一棵松树。
- 【尖削】jiānxiāo [形]尖得像刀削过一样。例：只见这身材魁伟的汉子鹰眼高鼻,双目如电,下巴~。

坚忍　　坚韧

- 【坚忍】jiānrěn [形]坚毅;不动摇。例：我真佩服你那~不拔的雄心。
- 【坚韧】jiānrèn [形]坚固而有韧性。例：长期困苦生活的磨炼,造就了他~的毅力。

煎煎　　剪剪　　翦翦

- 【煎煎】jiānjiān [形]急切的样子。例：大家~地盼望着试验成功。
- 【剪剪】jiǎnjiǎn ①[形]齐整的样子。例：树苗~绿初齐。②[形]风吹拂或寒气侵袭的样子。例：~三月风,吹出一片盎然的生机。③[形]飘忽的样子。例：放眼望去,只见天上~轻云,水中片片小舟。
- 【翦翦】jiǎnjiǎn ①[形]狭隘、浅薄的样子。例：佞人之心~,对很小的得失都十分在意。②[形]丛集的样子。例：~鲜花醉人。③[形]风轻微而带寒意。例：秋风~,送来一阵寒意。④[形]齐心、和睦的样子。例：他们~相处,同舟共济,终于渡过了这一难关。

见绌　　拙见

- 【见绌】jiànchù [动]显示出不够或不足。例：人类的智慧与大自然的智慧相比实在是相形~。

【拙见】zhuōjiàn [名]谦称自己的见解。例：他写的论文题目是《中学地理教学方法~》。

见习　　习见

【见习】jiànxí [动]初到工作岗位的人在现场实习。例：高校毕业生就业~期限一般为三个月,最长不超过一年。

【习见】xíjiàn [动]经常见到。例：这部电影所选的是人们~的日常生活场景。

兼收　　歉收

【兼收】jiānshōu [动]把不同内容、不同性质的东西都收下来。例：你可以选几个文理~的专业填报。

【歉收】qiànshōu [动]收成不好。例：由于遭受暴雨的袭击,今年该县粮食~。

饯行　　践行

【饯行】jiànxíng [动]设酒送行。例：得知他将出国留学,几个朋友相约给他~。

【践行】jiànxíng [动]实践;实行。例：~社会主义核心价值观首先要深刻领会社会主义核心价值体系的内涵及精神实质。

毽子　　腱子

【毽子】jiàn·zi [名]一种把鸡毛插在圆形的底座上做成的

游戏器具。**例**：当地经常举行各种规模、各种形式的踢～比赛。

【**腱子**】jiàn·zi ［名］人身上或牛羊腿上的肌肉。**例**：这本烹饪书堪称牛～做法大全。

交合　　胶合

【**交合**】jiāohé ①［动］相连；连接。**例**：两岸石峰～，水流峡间，景色非常优美。②［动］交配；性交。**例**：两性～生子，其基因自然遗传给后代。

【**胶合**】jiāohé ［动］用胶把东西粘合起来。**例**：道路上的石子、沙土被雨水～在一起。

交结　　胶结

【**交结**】jiāojié ①［动］结交；交往。**例**：他喜欢旅游，也因此～了不少朋友。②［动］相互连接。**例**：这两棵树靠得太近，根部已经～。

【**胶结**】jiāojié ［动］胶性材料干燥后硬结成块。**例**：这罐糨糊已经～，不能使用了。

交游　　郊游

【**交游**】jiāoyóu ［动］结交朋友。**例**：他性格开朗，～很广。

【**郊游**】jiāoyóu ［动］到郊区或人少的地方游玩。**例**：星期天老师带领学生～。

娇美　　姣美

【**娇美**】jiāoměi ［形］艳丽。**例**：植物园里的牡丹花开得非常~。

【姣美】jiāoměi [形]容貌、身材等美丽。例：参加舞蹈《千手观音》演出的聋哑少女个个容貌~。

娇气　骄气

【娇气】jiāoqì ①[名]脆弱、不能吃苦、惯于享受的习气。例：我们这些人年轻时都受惯了苦，没~。②[形]意志脆弱，不能吃苦。例：你的身子也太~了，淋这么几滴雨就感冒了。

【骄气】jiāoqì [名]骄傲自满的作风。例：~十足的人是不会进步的。

娇纵　骄纵

【娇纵】jiāozòng [动]娇惯放纵。例：父母对子女过于~是导致青少年走向违法犯罪的一个重要原因。

【骄纵】jiāozòng [形]骄傲放纵。例：他从小过惯了奢侈、~的生活。

姣好　较好

【姣好】jiāohǎo [形]容貌、身材等美丽。例：人如果没有思想，即使容貌~，也是无用的。

【较好】jiàohǎo [形]优点比较多的；使人比较满意的。例：他心理素质~，只是工作中比较粗心。

矫情

【矫情】jiáo·qing [形]强词夺理；蛮横无理。例：明明出错了他还要狡辩,太~了。

【矫情】 jiǎoqíng ［动］为表示与众不同而故意违反常情。**例:** 你不认为她现在的行为太~了吗?一大把年纪了,还像青春期少女似的。

佼佼　　皎皎

【佼佼】 jiǎojiǎo ［形］美好出众;胜过一般水平的。**例:** 在众多跑车品牌中,这个品牌是其中的~者。

【皎皎】 jiǎojiǎo ［形］洁白、明亮的样子。**例:** 在~月光下,一袭绿衣的碧瑶,身影显得俏丽灵动。

矫正　　校正

【矫正】 jiǎozhèng ［动］纠正;改正。**例:** 老师耐心地~同学们发音的错误。

【校正】 jiàozhèng ［动］校对;改正。**例:** 由于一个系统在运动中总要受外界环境的干扰而偏离预定目标,因此必须通过信息反馈加以~。

教龄　　教令

【教龄】 jiàolíng ［名］在与教学有关的工作岗位上的年数。**例:** 我国从1986年7月1日起,开始实行~津贴制度。

【教令】 jiàolìng ［名］军队中以命令形式发布的带试验性的原则规定。**例:** 步兵武器实弹射击~已经颁布。

结果

【结果】jiēguǒ　[动]结成果实。例：这棵桃树开始~了。

【结果】jiéguǒ　①[名]事物发展的最后状态。例：优良的学习成绩,是长期刻苦学习的~。②[名]下场。例：他这样发展下去,肯定不会有好~。③[动]将人杀死。例：他一刀就将敌人~了。

秸秆　　桔梗

【秸秆】jiēgǎn　[名]农作物脱粒以后的茎。例：广大科技工作者对~还田进行了卓有成效的研究。

【桔梗】jiégěng　[名]一种多年生草本植物,根可入药。例：每逢杜鹃花凋谢时节,~就会如春笋般从土里探出头来。

接防　　接访

【接防】jiēfáng　[动]新调到的部队接替原驻地部队担任防守任务。例：队部已经接到调访命令,这里将由另一个中队~。

【接访】jiēfǎng　[动]信访部门或上级机关接待群众上访。例：这家单位的主要领导每个月都会安排一天时间~。

接连　　连接

【接连】jiēlián　[副]一次跟着一次。例：为了这件事,他~向领导请了三次假。

【连接】liánjiē　[动]互相衔接。例：这个车队~得很好。

节气　　气节

【**节气**】jiéqì　[名]指二十四时节和气候,是中国古代订立的一种用来指导农事的补充历法。**例**:经过历朝历代的演化,逐渐形成了丰富多彩的~文化。

【**气节**】qìjié　[名]坚持正义,在敌人面前不屈服的品质。**例**:江姐在敌人面前宁死不屈,表现了革命者的崇高~。

解难

【**解难**】jiěnán　[动]解决困难;解释疑难。**例**:社区启动"三八"妇女维权周,律师现场答疑~。

【**解难**】jiěnàn　[动]解除危难。**例**:供电部门青年突击队进社区为用户排忧~。

界外　　外界

【**界外**】jièwài　[名]事物的界线或范围以外。**例**:在唯美艺术成为主流文化的背景下,我们还要重视原生艺术、~艺术、朴素艺术等这些非主流的艺术形式。

【**外界**】wàijiè　[名]指某个物体以外的空间或某个范围以外的社会。**例**:山里没有手机和网络信号,我们像一群与世隔绝的野人,对~形势一无所知。

借代　　借贷

【**借代**】jièdài　[名]一种修辞方法。甲乙两种事物性质不同但仍有某种关系,利用这种关系,以乙事物名称来代替甲事物的修辞方法,叫作借代。**例**:朱自清《论雅俗共赏》中"不过黄山谷虽然不好懂"中的"黄山谷"用的是~,代指黄庭坚的诗。

【**借贷**】jièdài ①[动]向人借用钱物。**例**:他没有这笔钱买房,因此只得向银行~。②[动]将钱物借给他人。**例**:这家信用社办理一年以内短期资金~业务。

借景　　借镜

【**借景**】jièjǐng [动]古典园林建筑中常用的构景手段之一,即将好的景色组织到园林视线中,使之连成一体。**例**:苏州园林各有其独具匠心的~手法。

【**借镜**】jièjìng [动]跟别的人或事物作对照,以吸取经验教训。**例**:他们在教改中~国际学校经验以改善传统教育。

金榜　　金镑

【**金榜**】jīnbǎng [名]科举时代殿试揭晓的榜。**例**:他的曾祖父因考中进士而~题名。

【**金镑**】jīnbàng [名]为英国、爱尔兰等国本位货币"镑"的别称。**例**:玛德的生活费为每月500~。

尽量

【**尽量**】jǐnliàng [副]尽最大的可能使达到最大的限度。**例**:这件事情我会~办好,请您放心。

【尽量】jìnliàng　[动]达到最大的限度。例：他的酒量很大,一桌子的人都已经喝趴下了,唯独他还没~。

紧要　　要紧

【紧要】jǐnyào　[形]紧急;重要。例：在这~关头,他挺身而出。

【要紧】yàojǐn　①[形]重要。例：这件事情很~,千万别耽搁了。②[形]严重。例：这点轻伤不~。③[副]急着做某事。例：我~去开会,忘了把办公室的灯关上。

锦衣　　棉衣

【锦衣】jǐnyī　[名]精美华丽的衣服。旧指显贵者的服装。例：79岁大伯很心疼:怎样才能让~玉食的孩子懂得爱惜食物?

【棉衣】miányī　[名]为了御寒,中间絮上了棉花等保温材料的衣服。例：想要应对冬季的寒冷变化,时尚又实用的~是必不可少的。

进来　　近来

【进来】jìnlái　①[动]从外面到里面来。例：他刚从门外~。②[动]用在动词后,表示到里面来。例：张太太穿着一件华贵的衣服,花枝招展地走了~。

【近来】jìnlái　[名]指过去不久到现在的一段时间。例：~股市行情又发生变化,你得注意风险。

进行　　行进

【进行】jìnxíng　①[动]从事;做。例:少先队大队委员会议正在~。②[动]前进。例:这首~曲节奏雄壮有力。

【行进】xíngjìn　[动]向前行走。例:队伍~在泥泞的道路上。

近乎

【近乎】jìnhū　[动]接近于。例:他的行为~叛逆。

【近乎】jìn·hu　[形]方言。关系亲密。例:一年多以前,他来龙潭街落了户,我们两家的关系就更~了。

浸沉　　浸没

【浸沉】jìnchén　[动]浸入水中。多比喻处于某种境界或思想活动中。例:毕业前夕,全班同学~在欢乐的气氛中。

【浸没】jìnmò　①[动]淹没。例:天下大雨,河水暴涨,秧苗都被~了。②同"浸沉"。

经幢　　经幡

【经幢】jīngchuáng　[名]刻有经文的石柱子,柱身为六角形、八角形或圆形。例:陕西省永寿县马坊镇马坊村有一座古朴雄浑的八棱~。

【经幡】jīngfān　[名]藏传佛教徒祈祷用的法物。用白布或彩纸制成长条状小旗,上写"六字真言"及其他经文,扎制成串,以竿揭诸屋顶,或竖立于山头及嘛呢堆上,表示祈祷。也叫嘛呢旗。例：在西藏,随处可见挂在山顶山口、江畔河边、道旁以及寺庙等各处被认为有灵气地方的五彩～。

惊醒

【惊醒】jīngxǐng ①[动]因受惊动而醒来。例：一阵猛烈的敲门声把我从睡梦中～。②[动]使惊醒。例：你们说话轻一点,别～了孩子。

【惊醒】jīng·xing [形]睡眠时容易醒来。例：老年人睡觉很～,稍有响动就能听见。

精练　　精炼

【精练】jīngliàn [形]语言简要,没有多余的词句。例：这篇文章文字～,具有极强的说服力。

【精炼】jīngliàn ①[动]除去杂质,提炼精华。例：这些原油将被运往炼油厂～。②同"精练"。

精神

【精神】jīngshén ①[名]指人的意识、思维、神志等。例：从他的言语中可以发现他的～负担很重。②[名]指内容的实质所在;主要的意义。例：本次会议主要传达中央统战工作会议～。

【精神】jīng·shen ①[名]活力;精力。例：灾民们振作～,重建家园。②[形]活跃;有生气。例：她把一头长发剪了,看上去挺～的。③[形]英俊;相貌好。例：这孩子长得真～!

精装　　精壮

【精装】jīngzhuāng ①[形]商品包装精致。例:这盒~月饼价格不菲。②[形](书籍)装订精美的(区别于平装)。例:这几套~书的整体设计很漂亮。

【精壮】jīngzhuàng [形]强壮。例:特警战士个个威武~。

警诫　　警械

【警诫】jǐngjiè [动]告诫,使其注意改正错误。例:老师多次~他要克服自由散漫的不良习气。

【警械】jǐngxiè [名]警察履行职责时依法所使用的专门器械。例:非警察未经法律、行政法规授权,不得使用~。

警钟　　警种

【警钟】jǐngzhōng [名]报告发生紧急事故的钟。比喻引起人们警惕的劝告或事件。例:事故的发生再一次向我们敲响了要注意交通安全的~。

【警种】jǐngzhǒng [名]警察所分的基本类别,一般按其任务分为户籍、交通、消防、治安、刑事、司法、铁道、边防、外事、经济、武装等种类。例:经济民警是一个新~。

径行　　行径

【径行】jìngxíng [副]表示直接进行。例:海关有权查验进出境货物,必要时可以~提取货样。

【行径】xíngjìng [名]行为;举动。例:全世界人民愤怒声讨超级大国的霸权~。

径直　　直径

- 【**径直**】jìngzhí ①［副］表示直接向某处前进,不绕道,不在中途耽搁。**例**：这一班客机从广州～飞往海口。②［副］表示直接做某事,不在事前费尽周折。**例**：他连招呼都没打一声就～走了。
- 【**直径**】zhíjìng ［名］通过圆心并连接圆周上两点或通过球心并连接球面上两点的距离,通常用字母"d"表示。**例**：～所在的直线是圆的对称轴。

竞买　　竞卖

- 【**竞买**】jìngmǎi ［动］竞相报价,争取买到。**例**：参加拍卖的人很多,我们因出价太低,～失败。
- 【**竞卖**】jìngmài ［动］竞相报价,争取卖出。**例**：这次房产～很成功。

迥然　　炯然

- 【**迥然**】jiǒngrán ［形］差得很远的样子。**例**：明清两代的官服～不同。
- 【**炯然**】jiǒngrán ［形］明亮的样子。**例**：他双目～,仿佛喷射着一股寒光,令人骇然惧之。

狙击　　阻击

- 【**狙击**】jūjī ［动］埋伏在隐蔽的地方伺机袭击敌人。**例**：他是一个出色的～手。

【阻击】 zǔjī ［动］以防御的手段阻止敌人增援、逃跑或进攻。例：防守队员要想方设法拦住和～对方的进攻队员。

举例　　列举

【举例】 jǔlì ［动］提出可作依据或示范的例子来。例：～论证是议论文中的一种方法。

【列举】 lièjǔ ［动］一个一个地举出来。例：他在总结报告中～的数据都是虚假的。

涓涓　　娟娟　　狷狷　　睊睊

【涓涓】 juānjuān ①［形］细水慢流的样子。例：一股山泉～地流淌在树林间。②［名］指细水。例：没有～，哪来江河？③［形］清新、明洁的样子。例：山上飘浮着一层～雨雾。

【娟娟】 juānjuān ［形］姿态柔美的样子。例：这位～静女，虽明艳照人却不飞扬妖冶。

【狷狷】 juànjuàn ［形］洁身守志的样子。例：屈原始终是一位诗人，不是一位政治家，他是不知权变的，他是～自守的。

【睊睊】 juànjuàn ［形］侧目而视的样子。例：边缘人最大的好处就是对什么都不信以为真，始终保留一个质疑的、～而视的姿态。

卷子

【卷子】 juǎn·zi ［名］我国北方的一种面食。例：他爱吃这种白面~。

【卷子】juàn·zi ［名］考试时答题用的纸或试卷。例：这份~书写得非常整洁。

眷恋　　眷念

【眷恋】juànliàn ［动］深切地留恋。例：我十分~黄山的美好景色。

【眷念】juànniàn ［动］想念。例：我十分~大学时的好友。

决口　　口诀

【决口】juékǒu ［动］堤岸被水冲出缺口。例：不及时堵住~的江堤,后果将不堪设想。

【口诀】kǒujué ［名］指根据事物的内容要点编成的便于记诵的语句。例：他5岁时就能熟练背诵乘法~。

决议　　议决

【决议】juéyì ［名］经会议讨论通过的决定。例：本次会议~已经公布。

【议决】yìjué ［动］经会议讨论后作出决定。例：会议~了专家组成员名单。

掘起　　崛起

【掘起】juéqǐ ［动］挖出来;刨出来。例：他们用铁锹~许多土豆。

【崛起】juéqǐ ①[动]地势突起;隆起。例:看那远处群山～,煞是壮观。②[动]兴起;振兴。例:中国的～将带动世界发展,为世界和平作出极大的贡献!

军工　军功

【军工】jūngōng ①[名]军事工业。例:在当时的历史条件下,要求建设重工业,提出大盐业计划、大～计划等,都是不切实际的。②[名]军事工程。例:～是土木工程及其他许多工程技术在军事上的综合运用。

【军功】jūngōng [名]军事上的功绩。例:他在朝鲜战场上立下了显赫的～。

军官　军管

【军官】jūnguān [名]军队中排以上的干部。也是授予尉官以上军衔军人的统称。例:解放军～为我们上军事课。

【军管】jūnguǎn [动]军事管制的简称。例:试验基地附近地区实行～。

军龄　军令

【军龄】jūnlíng [名]军人在军队中已服役的年数。例:他爷爷有50年～。

【军令】jūnlìng [名]军事命令。例:～如山,不得违抗。

军棋　军旗

【军棋】jūnqí [名]按照军职和军器定名的棋类游戏,有陆海空军棋、陆军棋等,玩法大致相同。例:放学后两位男同学在教室里下～。

【军旗】 jūnqí ［名］军队的旗帜。例:中国人民解放军"八一"～高高飘扬。

君主　　郡主

【君主】 jūnzhǔ ［名］古代国家的最高统治者;现代某些国家的元首。通常实行终身制和世袭继承制。例:民意调查显示,英国人认为女王伊丽莎白二世是"最伟大"的～。

【郡主】 jùnzhǔ ［名］唐代称皇太子的女儿,宋代称宗室的女儿,明清时称亲王的女儿。例:明朝,皇帝的女儿称为公主,亲王正室的女儿可称为～。

俊俏　　峻峭

【俊俏】 jùnqiào ［形］相貌好看。例:弟弟长得十分～。

【峻峭】 jùnqiào ［形］山高而陡。例:两岸矗立着～的山崖。

开发

【开发】kāifā ①[动]以荒地、矿山、森林、水力等自然资源为对象进行劳动,以达到利用的目的。例:多年来他一直从事房地产~。②[动]发现或发掘人才、技术等供利用。例:要重视对新资源、新领域的~利用。

【开发】kāi·fa [动]支付;分发。例:婚礼上主人正在~喜钱。

开方　　开放

【开方】kāifāng ①[动]开处方。例:《处方管理办法(试行)》对医生~等都作出了明确的规定。②[动]指求一个数的方根的运算。例:数字4~后就是2。

【开放】kāifàng ①[动]张开;舒展。例:荷花在水池里静静地开放。②[动]解除封锁、禁令、限制等。例:改革开放后,国民经济飞速增长。

开花　　开化

【开花】kāihuā ①[动]植株花朵绽开。例:这些杜鹃马上要~了。②[动]比喻经验传开或事业兴起。例:新技术以群体的形式出现,我们不可能也不必要全面~、搞全面赶超。③[动]比喻心里高兴或露出笑脸。例:养殖场废弃物变沼气,业主农户心里乐~。

【开化】kāihuà ①[动]由原始状态进入文明状态。例:在古代我国是一个~较早的国家。②[动]思想开通;不守旧。例:在当今社会像他那种脑筋不~的人已经不多见了。

开火　　开伙

【开火】kāihuǒ ①[动]用枪炮射击,开始打仗。例:我军机枪步枪一齐~,打得敌人哭爹喊娘,狼狈逃窜。②[动]进行抨击或开展斗争。例:年轻人都是很直爽的,辩论赛一开始,用不着主持人多说,就~啦。

【开伙】kāihuǒ [动]供应集体膳食。例:他们公司食堂早中晚都~。

开交　　开胶

【开交】kāijiāo [动]解决;完结。例:为了能按期交付产品,这几天工人们忙得不可~。

【开胶】kāijiāo [动]用胶黏合的东西裂开。例:这双运动鞋没穿一个月就~了。

开旷　　开矿

【开旷】kāikuàng [形]天地、场地等开阔旷大。例:这里很~,非常适合举办露天音乐会。

【开矿】kāikuàng [动]开采矿产。例:他们虽然住在矿区附近,但他们并不会~。

开列　　开裂

【开列】kāiliè [动]一项一项地写出来。例:请你~一份参赛人员的名单。

【开裂】kāiliè [动]出现裂缝。例:桉树蒴果成熟后并不立即~和脱落,可留在树上几个月甚至更长时间。

开通

【开通】kāitōng ①[动]使原来闭塞的思想、风气、环境等不闭塞。例:他在镇里开个书店,不为赚钱,只为~,这是地道的好事。②[动]交通、通信等投入使用。例:这条新~的热线专门接受消费者的投诉。

【开通】kāi·tong [形]思想不守旧、不拘谨、不固执。例:接受了新文化、新知识,他的脑筋更~了。

开展　　展开

【开展】kāizhǎn ①[动]从小向大发展。例:学校大力~科普活动。②[动]展览会开始展出。例:艺博会将于10月下旬~。

【展开】zhǎnkāi [动]张开;铺开;伸展。例:喜鹊~双翅向树林飞去。

开张　　开账

【开张】kāizhāng　①[动]商店等设立后开始营业。例：这家商店明天正式~营业。②[动]经商的人指一天中的第一笔交易。例：今天生意不好,直到下午才~。

【开账】kāizhàng　①[动]开列账单。例：请把需要购买的物品~给我。②[动]在外住宿、吃饭等支付账款。例：这次聚会活动全部由老班长个人~。

开张　　张开

【开张】kāizhāng　①[动]商店等设立后开始营业。例：这家商店明天正式~营业。②[动]经商的人指一天中的第一笔交易。例：今天生意不好,直到下午才~。

【张开】zhāngkāi　[动]使合拢的东西分开或使紧缩的东西放开。例：他~嘴让医生检查牙齿。

看重　　着重

【看重】kànzhòng　[动]重视;看得起。例：对这个岗位人员的要求,主要~实践经验。

【着重】zhuózhòng　[副]有重点地。例：本次会议~讨论三个问题。

亢旱　　抗旱

【亢旱】kànghàn　[形]长时间不下雨干旱非常严重。例：今年这样~的天气真是百年不遇啊!

【抗旱】 kànghàn [动]采取措施减少旱灾造成的损害。例:近来农村在积极开展~工作。

考期　　期考

【考期】 kǎoqī [名]考试的日期。例:记者在采访中发现不少学生和家长得了"~综合征"。

【期考】 qīkǎo [名]学校在学期结束前举行的考试。例:~的目的在于检测学生整个学期的学习情况。

考问　　拷问

【考问】 kǎowèn [动]考查询问。例:经理目不转睛地望着对面的年轻人,仿佛学校的教员在~学生,逼着对方立即回答一样。

【拷问】 kǎowèn [动]拷打审问。指用刑逼供。例:敌人一直把老太太~到天黑才罢手。

客官　　客管

【客官】 kèguān [名]对客人的敬称。例:店主见有客人进来便迎上去问道:"~要住店吗?"

【客管】 kèguǎn [动]客运管理的简称。例:最近该省~部门就进一步完善内部机构、明确岗位职责、加大监督力度、增强管理效果、规范执法行为等问题作了专题调研。

空挡　空当

【空挡】kōngdǎng ［名］指机动车变速杆不放入任何前进或后退挡位,变速箱与发动机呈完全分离的状态。**例**:～滑行并不能达到节油的效果,反而会对离合器、齿轮等机件的磨损很大,最为重要的是还有很大的危险性。

【空当】kòngdāng ［名］空隙。**例**:工人们利用生产～加紧学习。

空乏　空泛

【空乏】kōngfá ①［形］困穷;贫穷。**例**:天将降大任于是人也,必先苦其心志,劳其筋骨,饿其体肤,～其身。②［形］内容空洞。**例**:这篇论文的题目取得不错,内容却相当～。

【空泛】kōngfàn ［形］空洞浮泛,不着边际。**例**:他们拿不出什么具体的办法,只能发出一些～的议论。

空空　啌啌

【空空】kōngkōng ①［形］空疏、浅薄的样子。**例**:他因才学～而虚度年华。②［形］一无所有。**例**:别人都满载而归,唯独他两手～。③［副］徒然。**例**:你让我～等了一天。

【啌啌】kōngkōng ①［拟声］形容敲击声。**例**:喂猪时,一边～地敲着槽子,一边嘞唠嘞唠地叫着猪。②［拟声］形容咳嗽声。**例**:他冷笑了一下,～地干咳起来。

空心

【空心】kōngxīn ①[动]树干髓部变空或蔬菜中心没长实。例：这棵千年古树早已经~了。②[形]东西的内部是空的。例：我喜欢用这种~字体。

【空心】kòngxīn [动]没吃东西,肚子空着。例：你不要喝~酒,先吃点菜。

倥侗　崆峒

【倥侗】kōngtóng [形]愚昧无知。例：那些将马克思列宁主义当宗教教条看待的人,就是这种~无知的人。

【崆峒】kōngtóng ①[名]山名,在甘肃。②[名]岛名,在山东。

空闲　闲空

【空闲】kòngxián ①[形]不忙;有空。例：等你~的时候我们再聊。②[名]空余的时间;空闲的地方。例：平时只要有~,他就会去逛书店。③[形]闲置不用的。例：我在院子的~处种植了一些向日葵。

【闲空】xiánkòng 同"空闲②"。

口角

【口角】kǒujiǎo [名]嘴边。例：只见她~抽搐了两下,似乎想说话而又说不出来。

【口角】kǒujué [动]争论;争吵。例:他俩为了一点小事~起来。

口形　　口型

【口形】kǒuxíng [名]人嘴部的形状。语音学上特指在发某个音时两唇的形状。例:这张图上画有四十八个音素发音~及发音方法。

【口型】kǒuxíng [名]说话或发音时的口部形状。例:聋哑人听不见别人说的话,但受过专门训练后可以通过~来理解别人说的话。

枯涩　　苦涩

【枯涩】kūsè [形]枯燥;不流畅。例:这篇文章文字~,叫我怎么看得下去。

【苦涩】kǔsè ①[形]内心痛苦难受。例:他的脸上显出~的神情。②[形]味道又苦又涩。例:这种野果子吃起来有点~。

苦工　　苦功

【苦工】kǔgōng ①[名]繁重辛苦的体力劳动。例:她们一天到晚都在默默地做着~,然而生产的结果是别人的,她们连自己也养不活。②[名]从事繁重辛苦工作的体力劳动者。例:搬木头的都是些~。

【苦功】kǔgōng [名]刻苦的功夫。例:要学好这一绝技,非下~不可。

库藏

【**库藏**】kùcáng ［动］库房里储藏。例：每到年底,他们都要清点~物资。

【**库藏**】kùzàng ［名］仓库。例：他们建立了一整套~管理制度。

块块　　快快

【**块块**】kuàikuài ［名］指以地区为界限的横向管理系统。例：条条与~的关系问题,是计划管理体制中的一个老大难问题。

【**快快**】kuàikuài ［副］赶快。例：他冷得浑身发抖,~给他喝口热汤。

快手　　手快

【**快手**】kuàishǒu ［名］指动作敏捷、做事效率高的人。例：他家有几个女儿,都长得秀丽,又都是编席~。

【**手快**】shǒukuài ［形］动作敏捷;做事快。例：眼疾~是对摄影记者的基本要求。

狂劲

【**狂劲**】kuángjìn ［名］张狂的劲头。例：你昨天那股子~哪里去了?

【狂劲】kuángjìng ［形］狂放刚劲。例：这首摇滚乐的节奏非常～。

旷场　　矿场

【旷场】kuàngchǎng ［名］面积很大的场地。例：沿着荷花池向西走，过了花桥，就是一片平坦的～。

【矿场】kuàngchǎng ［名］开采矿石的场所。例：他在这个～辛勤工作了二十年。

旷工　　矿工

【旷工】kuànggōng ［动］不请假而缺勤。例：你怎么能为了参加比赛而～呢？

【矿工】kuànggōng ［名］开矿的工人。例：他们已开始着手进一步改善～的工作条件。

骙骙　　睽睽

【骙骙】kuíkuí ［形］马行走时雄壮的样子。例：龙马～。

【睽睽】kuíkuí ［形］张目注视的样子。例：他居然在众目～之下偷盗别人的钱财。

溃乱　　愦乱

【溃乱】kuìluàn ［形］散乱；混乱。例：敌人的步兵在连续发射的炮火中～了。

【愦乱】kuìluàn ［形］昏乱。例：他神志～，已经不省人事了。

拉手

【拉手】lāshǒu ①[动]握手。例:经过老师的劝说,他俩~言和。②[动]牵手。例:小时候的很多事情都已忘却,唯有母亲的~让我记忆犹新。

【拉手】lā·shou [名]装在门窗或抽屉等上面便于用手开关的物件。例:铁门上的~坏了,请人来修理一下。

辣手　　手辣

【辣手】làshǒu ①[名]毒辣或厉害的手段。例:她生性阴狠,口蜜腹剑,常常在迎人媚笑中就突下~。②同"手辣"。③[形]事情难办,像荆棘刺手。例:事情很~,不可能有回旋余地。

【手辣】shǒulà [形]手段毒辣或厉害。例:杨国忠胸有城府,心狠~,善于玩弄权术。

来历　　历来

【来历】láilì [名]人或事物的背景或历史。例:关于这个人的~我略知一二。

【历来】lìlái　[副]向来;从来。例:这儿~是兵家必争之地。

来路

【来路】láilù　①[名]来的道路。例:一棵倒下的大树挡住了运送粮食车辆的~。②[名]来源。多指经济、人力等所从来的地方。例:保险公司变更注册资本和股东时,应当对资金~、关联关系、股权结构等信息进行预披露。

【来路】lái·lu　[名]来历。例:提起这把手枪,可大有~。

来路　　末路

【来路】láilù　①[名]来的道路。例:一棵倒下的大树挡住了运送粮食车辆的~。②[名]来源。多指经济、人力等所从来的地方。例:保险公司变更注册资本和股东时,应当对资金~、关联关系、股权结构等信息进行预披露。

【末路】mòlù　[名]路途的终点。比喻衰亡、没落的境地。例:这个曾经红极一时的化妆品品牌已经走向~了。

来日　　日来

【来日】láirì　[名]将来的日子;未来。例:~方长显身手,甘洒热血写春秋。

【日来】rìlái　[名]近几天来。例:~我国南方地区出现持续高温的天气。

烂泥　　泥烂

【烂泥】lànní　[名]稀烂的泥。例：村民告诉记者,过去村里只有一条~路,四处臭水横流。

【泥烂】nílàn　①[形]烂醉。例：他们几个已经喝得~。②[形]污秽破烂。例：看着路边衣衫~的乞丐,他不由得起了怜悯之心。

郎当　　锒铛

【郎当】lángdāng　①[形]衣服宽大不合身。例：这件衣服穿在他身上很~。②[形]窝囊;不成器。例：时下流行的电视剧将道光帝写成一个平庸不堪的~形象,但这并不是历史的事实。③[形]疲软无力的样子。例：走了一天的山路,大家早已~不堪。

【锒铛】lángdāng　①[名]锁系犯人的铁索。例：他因贪污盗窃而~入狱。②[拟声]形容金属撞击的声音。例：船起锚了,发出一阵~声。

琅琅　　硠硠　　朗朗　　烺烺

【琅琅】lángláng　[拟声]形容清朗金石相击声或响亮的读书声。例：书声~,歌声飞扬。

【硠硠】lángláng　[拟声]形容水石相击的声音。例：水石相击,~有声。

【朗朗】lǎnglǎng　①[形]明亮的样子。例：瞳瞳红日,~乾坤,万里长空,宽广大道。②[形]声音清晰响亮。例:那位青年的声音～地从门外传了进来。③[形]清晰的样子。例:远处山峰～可望。④[动]明白;了解。例:其中的奥妙我全～。

【朗朗】lǎnglǎng 同"朗朗①"。

劳动

【劳动】láodòng ①[名]人类创造物质财富和精神财富的活动。例:他是个脑力～者。②[名]专指体力劳动。例:繁重的～,把我身体搞垮了。

【劳动】láo·dong [动]劳驾;麻烦。例:这点小事不敢～您。

牢稳

【牢稳】láowěn [形]稳妥可靠。例:这件事情由他负责比较～。

【牢稳】láo·wen [形]稳定;不摇晃。例:你坐～了,掉下去可不要怪别人。

老成　老诚

【老成】lǎochéng [形]精明练达;行事稳重得体。例:这孩子少年～,办事非常稳妥。

【老诚】lǎochéng [形]老实;诚实。例:这孩子～忠厚,从来不说谎话。

老公

【老公】lǎogōng [名]口语。丈夫的俗称。例:她的~可谓才貌双全。

【老公】lǎo·gong [名]太监。例:古代这些~专门掌管宫廷杂事。

老花　老化

【老花】lǎohuā [名]指上了年纪的人,逐渐产生近距离阅读或工作困难的情况。例:绝大多数的人在40—45岁左右眼睛会渐渐出现~。

【老化】lǎohuà ①[动]高分子材料在热、氧、水、光、微生物、化学介质等环境因素的综合作用下变得黏软或脆硬等。例:在材料的加工过程中加入光稳定剂,可以避免~降解。②[动]在一定范围内老年人的比重增长。例:上海城市人员渐趋~。③[动]知识等陈旧或过时。例:专业知识~的速度要比专业知识汲取的速度快得多。

老娘

【老娘】lǎoniáng ①[名]母亲的俗称。例:他家里只有一个~。②[名]方言。中、老年妇女的自称。例:你有什么话就跟~说!

【老娘】lǎo·niang ①[名]收生婆的俗称。例:~来了后一看,告诉她还没有到生的时候。②[名]方言。外祖母。

例：我母亲那时手里光景还好,便把咱~接来同住。

老区　　老妪

【老区】lǎoqū　[名]老革命根据地;老解放区。例：福建~在党的领导下,坚持了二十多年的武装斗争,为革命事业作出了重大贡献,付出了巨大牺牲。

【老妪】lǎoyù　[名]年老的妇女。例：一位~在凛冽的寒风中卖茶叶蛋。

佬佬　　姥姥

【佬佬】lǎo·lao　[名]方言。妻对夫的称呼。例：~你今天为何这样高兴?

【姥姥】lǎo·lao　①[名]称外祖母。例：明天你到东庄他~家去一趟。②[名]对年老妇人的尊称。例：房东程~替他端饭的时候,他只说了两句感谢话,此外就不再开口了。

累累

【累累】léiléi　①[形]瘦瘠疲惫的样子。例：即使是在"~若丧家之犬"的最艰难时刻,孔子也从未放弃过修订"六艺"的念头。②[形]连贯成串的样子。例：悬挂着~果实的芒果树令人垂涎。

【累累】lěilěi　①[副]屡屡。例：由于心情紧张,他~失误。②[形]累积的样子。例：这家伙恶贯满盈,罪行~。

崚崚　棱棱

【崚崚】léngléng　①[形]重叠、突兀的样子。例：直上直下的山隘,远远地看去,怪石～。②[形]形容人品刚正不屈。例：六朝古都秦淮河畔这枝"白门柳",最终以刚烈且不乏智慧的死抗击了社会恶势力,在她风骨～的人生终点画上了一个重重的感叹号！③同"棱棱②"。

【棱棱】léngléng　①[形]山石突兀、重叠的样子。例：～山峰,夹岸耸峙。②[形]人消瘦骨立的样子。例：我望着这瘦骨～的老汉,他不多说话,静静地望着我,嘴角上似乎挂着一点似笑非笑的神气。

棱角　菱角

【棱角】léngjiǎo　①[名]棱与角。例：河沟里的石头多半没有～。②[名]比喻显露出来的锋芒。例：他很有心计,但表面却不露～。

【菱角】língjiǎo　[名]菱的通称。例：～含有丰富的淀粉、蛋白质、葡萄糖、不饱和脂肪酸及多种维生素。

冷冷　泠泠

【冷冷】lěnglěng　①[形]寒凉的样子。例：她推开院子的门,只见一大片弱小的菊科的花颤颤地铺满了～的庭阶。②[形]冷淡、严肃的样子。例：他说话很简短,表情也是～的。

【泠泠】línglíng ①[形]清凉、冷清的样子。例：丈夫去世后,留下她一人,守着~空房。②[形]声音清越、悠扬的样子。例：主人蓄养的白鸽成群地在云霄里盘旋,那~的鸽哨声,异常嘹亮悦耳。

冷战

【冷战】lěngzhàn [名]泛指国际上进行的不使用武器的斗争。例：外媒称,目前在英国收集情报的俄罗斯间谍人数超过~时期。

【冷战】lěng·zhan [名]因寒冷或害怕而浑身颤抖。例：他感到全身发凉,身上的毛孔猛的一收缩,打起~来。

离离　　漓漓

【离离】lílí [形]茂密的样子。例：我们当年签约的小楼阁,早已埋进~的树林。

【漓漓】lílí ①[形]水波连绵的样子。例：一艘小船漂荡在碧波~的洞庭湖上。②[形]文辞滔滔不绝的样子。例：他口若悬河,言辞~。

离弃　　离异

【离弃】líqì [动]离开并抛弃。例：无论遭遇什么,对自己的下属他绝不会~不管。

【离异】líyì [动]离婚。例：塔莎九岁时父母~,她跟着母亲搬到了格林威治村。

礼宾　　礼兵

【礼宾】lǐbīn　[形]指在外交场合按一定的礼仪接待宾客的。例：这个部门主要承担国家对外礼仪和典礼事务,组织协调国家重要外事活动~事宜。

【礼兵】lǐbīng　[名]指在隆重的庆典和迎宾、葬礼等活动中接受检阅或担任升旗、护卫灵柩等工作的士兵。例：沈阳海关关员同中国人民解放军~共同整理中国志愿军烈士遗骸棺椁。

理事　　事理

【理事】lǐshì　①[动]过问事情;处理事务。例：他是个不当家不~的人。②[名]代表团体行使职权并处理事务的人。例：他是学校摄影协会的~。

【事理】shìlǐ　[名]事物的道理。例：没有学识而蒙昧的人应当向明白~而有学问的人学习。

历历　　厉厉

【历历】lìlì　[形]物体或景象一个个清晰分明的样子。例：两岸的风物~如画。

【厉厉】lìlì　[形]寒风猛烈的样子。例：窗外正刮着~寒风。

呖呖　　沥沥

【呖呖】lìlì　[拟声]形容清脆的鸟叫声。例：嘎鸪鸟从睡梦里醒过来,黄鹂开始在大杨树上~啭着。

【沥沥】lìlì [拟声]形容风声或水声。例：她晾晒衣服时没有拧干,水~地往下滴。

利害

【利害】lìhài [名]利益和损害。例：这是一件与人民生活~攸关的大事。

【利害】lì·hai ①[形]难以对付或忍受的;剧烈凶猛。例：他的伤口疼得~,头上直冒冷汗。②[形]严厉。例：这个教练很~,队员们都怕他。

利权　权利

【利权】lìquán [名]经济上的权益。例：近代中国的企业家明确把挽回~、实业救国作为创办企业的目的。

【权利】quánlì [名]公民或法人依法行使的权力和享受的利益。例：每个儿童都有受教育的~。

连接　链接

【连接】liánjiē [动]互相衔接。例：这个车队~得很好。

【链接】liànjiē [动]在计算机程序的各模块之间传递参数和控制命令并把它们组成一个可执行的整体的过程。例：为保证每一位客户的利益,在本平台投放的~广告,都会经过核实。

联结　联络

【联结】liánjié [动]结合在一起。例：乒乓球比赛曾经是~中美两国人民友谊的纽带。

【联络】liánluò [动]彼此接上关系;联系。例:我与小红已经好久没有~了。

连连　涟涟

【连连】liánlián [形]接连不断的样子。例:他~点头表示称赞。

【涟涟】liánlián ①[形]泪流不止的样子。例:每当想起早逝的双亲他总是老泪~。②[形]连绵不断的样子。例:他出生在一个小雨~的夜晚。

廉正　廉政

【廉正】liánzhèng [形]廉洁正直。例:新一届政府~爱民,深受老百姓的爱戴。

【廉政】liánzhèng [动]使政治廉洁。例:一些执法单位对照~规范,自觉亮丑曝光,采取有效措施纠正部门不正之风。

恋栈　恋战

【恋栈】liànzhàn [动]原指马对马棚的依恋。后比喻做官之人对官位的依恋。例:他早已想明白了,该让位的时候绝不~。

【恋战】liànzhàn [动]为求胜利而不肯退出战斗。例:五柳庄村外的敌人见折损了二将,无心~,就用那剩下的两辆汽车载着鬼子往城里退。

练字　　炼字

【**练字**】liànzì　[动]练习写字。例：字写得好不好是衡量一个人语文素养高低的重要标志,所以从小开始~尤为重要。

【**炼字**】liànzì　[动]写作时推敲用字,使表达生动准确。例:"诗赋以一字见工拙"道出了古人对~的重视。

嘹嘹　　缭缭　　燎燎

【**嘹嘹**】liáoliáo　[拟声]形容虫鸟的鸣叫声。例：像是应和饥饿的山鹰~的啼鸣一般,这个如石雕似的车把式,喉咙里突然发出一声悠长而高亢的歌声。

【**缭缭**】liáoliáo　[形]回环缠绕的样子。例：一张供桌上摆放着一个香烟~的香炉。

【**燎燎**】liáoliáo　[形]大火燃烧的样子。例：看着林云那一副火急~的样子,林风心里不禁哭笑不得。

列强　　强烈

【**列强**】lièqiáng　[名]旧指世界上同一时期内的各个资本主义强国。例：鸦片战争以后,由于封建统治的腐朽没落和帝国主义~的侵略践踏,中国饱经磨难、历经沧桑。

【**强烈**】qiángliè　①[形]极强的;力量很大的。例：他从小就有~的学习欲望。②[形]鲜明;程度很高的。例：这幅画的色彩对比很~。

烈烈　裂裂

【烈烈】 lièliè ①[形]鲜明、灿烂的样子。例：成败百年战友情,丰碑酣笔丽于金。夜深无月非寂寞,～繁星俱是君。②[形]猛火燃烧的样子。例：～燃烧的森林大火终于扑灭了。③[形]功业显赫的样子。例：汉武帝是创造～功业的历史英雄。④[形]刚正、严正的样子。例：他具有公认的高风亮节和～无邪的品德。

【裂裂】 lièliè　[拟声]形容木材等开裂的声音。例：气候干燥,木质地板踩上去～有声。

林林　淋淋

【林林】 línlín　[形]众多的样子。例：虹桥开发区高楼～。

【淋淋】 línlín　[形]水、汗等液体连续下滴的样子。例：高温天,环卫工作大汗～地清扫马路。

粼粼　嶙嶙　潾潾　璘璘
辚辚　磷磷　鳞鳞

【粼粼】 línlín　[形]水、石等明净的样子。例：湖面上闪动着～的金光。

【嶙嶙】 línlín　[形]山石重叠不平的样子。例：山上怪石～,树木葱郁。

【潾潾】 línlín　[形]水清澈的样子。例：微风吹过,水面泛起～水波。

【璘璘】línlín [形]明亮、闪烁的样子。例：湖面上～点点的波光,恰像这灰色锦缎上的浅浅花纹。

【辚辚】línlín [拟声]形容车行走时的声音。例：独轮水车的轮轴发出单调的～声。

【磷磷】línlín [形]形容物体有棱角。例：那是北平独有的单轮水车,在～不平的路上发出单调的"孜妞妞,孜妞妞"的声音。

【鳞鳞】línlín ①[形]形容像鱼鳞一样的云彩。例：夕阳西下,天边显现～彩霞。②[形]水石明静的样子。例：波光～的水面倒映着白塔。

凛冽　凛烈

【凛冽】lǐnliè ①[形]极为寒冷的样子。例：我在～的寒风中等了她足足半小时。②[形]态度严肃、令人敬畏的样子。例：他的工作态度非常～。

【凛烈】lǐnliè [形]严肃忠烈、令人敬畏的样子。例：练兵场上传来～口号声。

泠泠　玲玲　聆聆

【泠泠】línglíng ①[形]清凉、冷清的样子。例：丈夫去世后,留下她一人,守着～空房。②[形]声音清越、悠扬的样子。例：主人蓄养的白鸽成群地在云霄里盘旋,那～的鸽哨声,异常嘹亮悦耳。

【玲玲】línglíng [拟声]形容玉碰击的声音。例：她颈上挂着的一串美玉,发出~动听的响声。

【聆聆】línglíng [形]明了、清楚的样子。例:大师的教诲~在耳。

流芳　　流放

【流芳】liúfāng [动]流传美名。例:航天英雄的功绩将~千古,为世代所敬仰。

【流放】liúfàng ①[动]把犯人放逐到边远之地。例:这位年老的国王在~了十年以后又重掌政权。②[动]把原木放到江河中顺流运输。例:这批木材将~到下游的贮木场。

流失　　流矢

【流失】liúshī ①[动]有用的物质散失掉或被风、水带走。例:导致水土~的原因有自然原因和人为原因。②[动]人离开原单位另谋职业。例:这几年该校的人才~相当严重。

【流矢】liúshǐ [名]飞箭或来源不明的箭。例:陈友谅在鄱阳湖之战中中~身亡。

溜溜　　遛遛

【溜溜】liùliù ①[形]水流倾泻的样子。例:湍急的溪水,从山坡上~而下。②[拟声]形容水的流淌声。例:花儿绽开笑脸,草儿挂满珍珠,小溪唱着~的歌儿流向远方。③[动]瞟;斜视。例:他的两个眼珠子东~,西看看,显然是不怀好意。

【遛遛】liùliù ［动］慢慢走;散步。例：每天晚饭后他都要在小区花园里～。

龙头　　笼头

【龙头】lóngtóu ①［名］管道上放出液体的活门,其旋转装置可以打开或关上。例：自来水～里面的垫圈坏了,他正在更换。②［名］自行车的车把。例：他刚学会骑自行车,～把得很紧。③［名］江湖上称帮会的头领。例：兴中会会员华永年联络两湖～杨鸿钧、李云彪等数十人归附兴中会。④［名］带头并起主导作用的事物。例：这家出版社是同行业中的～老大。

【笼头】lóng·tou ［名］套在牛马等头上用来系缰绳挂嚼子的用具。例：一匹没～的马在原野狂奔。

笼子

【笼子】lóng·zi ［名］用竹篾、木条、树枝或塑料、铁丝等制成的物件,用来养虫鸟等。例：他刚出大门,就见那挑水阿三提了一个画眉～进来。

【笼子】lǒng·zi ［名］比较大的箱子。例：他家的这个～专门用来装被褥。

拢子　　笼子

【拢子】lǒng·zi ［名］齿小而密的梳子。例：他小时候经常看见太祖母拿着～沾点水一绺一绺地梳头发。

【笼子】lǒng·zi [名]比较大的箱子。例:他家的这个~专门用来装被褥。

娄子　　篓子

【娄子】lóu·zi [名]乱子;祸事。例:上小学时他经常在学校里捅~。

【篓子】lǒu·zi [名]用竹篾、荆条、苇篾等编成的盛物器具,一般为圆桶形。例:王老伯到市场监管局投诉,称自己购买了一篓重30斤的杨梅,但回家称重后发现,装杨梅的~竟然占了5斤。

露头

【露头】lòutóu ①[动]露出头部。例:犯罪分子从藏身的草丛中刚~就被守候的警察抓获了。②[动]比喻事物刚出现或显出迹象。例:今年的高温天气来得比较早,五月中旬已经~。

【露头】lùtóu [名]岩石、矿脉和矿床露出地面的部分。矿床的露头是矿床存在的直接标记。例:他向我们展示了一组泥盆系泥质岩~的照片。

琭琭　　碌碌　　睩睩

【琭琭】lùlù [形]稀少的样子。例:田黄石因其~而为人所贵。

【碌碌】lùlù ①[形]平庸、无能的样子。例:这部小说描写的绝不是~的儿女情长啊! ②[形]繁忙、辛苦的样子。

例:他~一生,终于退休了。③同"睩睩"。④[拟声]形容车轮转动的声音。例:他家住在高架路旁,每天在~的车轮声中入睡。

【睩睩】lùlù [形]眼珠转动的样子。例:他两眼~,鬼点子特别多。

路经　　路径

【路经】lùjīng [动]路过;路途中经过。例:他把丝绸之路~的国家在地图上标示出来。

【路径】lùjìng ①[名]道路,指如何到达目的地的路线。例:气象部门发布了关于本次台风~的最新消息。②[名]门路。例:12家股份制银行"结盟"探索互联网金融新~。

路线　　线路

【路线】lùxiàn ①[名]从一地到另一地所经过的道路。例:这就是红军二万五千里长征所经过的~。②[名]思想上、政治上或工作上所遵循的根本途径或基本准则。例:做好领导工作一定要坚持走群众~。

【线路】xiànlù [名]电流、车辆等所经过的路线。例:检修人员正在测试这幢大楼的电话~。

漉漉　　辘辘

【漉漉】lùlù [形]液体往下流的样子。例:静静的小河边,走来一群汗水~的小伙子。

【辘辘】lùlù ①[拟声]形容车轮等发出的声音。例：～的车轮声把我的思绪拉到了面前的路上。②[拟声]形容饥饿时肠中虚鸣声。例：一天没吃没喝，饿得大家饥肠～。③[形]转动的样子。例：李克见他小眼珠～转动，清楚他心头又在想着坏主意。④[名]井上汲水的工具。例：我们组里只有一把小～，一个人浇水，另一个人就得闲着。

屡屡　　缕缕

【屡屡】lǚlǚ [副]一次又一次；再三。例：他出去时还～回头看那幢房子。

【缕缕】lǚlǚ [形]一条一条的、连续不断的样子。例：傍晚，～炊烟缭绕在乡村上空，乡亲们都收工回家了。

伦次　　轮次

【伦次】lúncì [名]条理次序。例：他语无～，不知怎样对师傅们说才能解释清楚。

【轮次】lúncì ①[名]轮流的次数。例：跳远比赛时他在第一～后就被淘汰了。②[副]依次轮流。例：教练摆了摆手，示意队员们～进攻。

伦理　　论理

【伦理】lúnlǐ [名]人与人相处的各种道德准则。例：美国人没有我们中国人的传统～观念，当然也没有儿孙绕膝的快乐。

【论理】lùnlǐ ①[动]讲道理；论说道理。例：丹丹不肯罢休,一定要去找桐籽~。②[副]按一般常理和道理来说。例:~说你们两个人合作,应该比独自研究要好得多。

罗锅

【罗锅】luóguō ①[动]驼背。例:爷爷年纪大了,有点~了。②[名]指驼背的人。例:刘墉即使算不上帅哥,也不可能是个~。

【罗锅】luó·guo [动]指弯着腰。例:他~着腰在地里拾麦穗。

罗网　网罗

【罗网】luówǎng [名]捕鱼的网和捕鸟的罗。比喻束缚人的东西。例:在严密的监视下,犯罪分子终于自投~。

【网罗】wǎngluó ①同"罗网"。②[动]从各方面搜寻招致。例:爱因斯坦的相对论发表以后,有人曾~了一批所谓名流对这一理论进行声势浩大的挞伐。

落座　坐落

【落座】luòzuò [动]坐到座位上。例:我们刚~,电影就开映了。

【坐落】zuòluò [动]建筑物处在某个位置上。例:大剧院~在市中心人民广场的西北角。

Mm

马上　　上马

【马上】mǎshàng　［副］立刻。**例**：～就要上课了,大家快进教室吧!

【上马】shàngmǎ　［动］比喻某项较大的工作或工程开始。**例**：这项新能源建筑示范工程已经～。

埋没　　埋设

【埋没】máimò　①［动］掩埋。**例**：由于乱砍滥伐,大量的耕地被流沙～了。②［动］使人才、功绩、作用等显露不出来。**例**：我们要善于发现人才,而不能～人才。

【埋设】máishè　［动］设置在地下并用土埋上。**例**：路政大队将依法制止擅自～光缆的违法行为。

买单　　卖单

【买单】mǎidān　［名］金融市场作为买入凭证的单据。**例**：券商板块现神秘～,证券股五分钟内振幅达5%。

【卖单】màidān　［名］金融市场作为卖出凭证的单据。

例：不少主力操盘手在出货时,常利用几十手一笔的小~不断卖出。

买点　　卖点

【买点】mǎidiǎn ①[名]商品所具有的让消费者乐于购买的地方。例：很多事实说明,在这个买方经济时代,~是最直接、最有效的营销元素,最能打动顾客的芳心。②[名]指买入期货、证券等的理想价位。例：判断股票的~,在技术上有很多种方法。

【卖点】màidiǎn ①[名]商品所具有的能吸引消费者而易于卖出的地方。例：为了增加~,他们还为自己的农产品打出"绿色无公害"和"保证新鲜"的招牌。②[名]指卖出期货、证券等的理想价位。例：这套证券软件教你如何利用MACD指标为自己手中的股票找到合适的~。

买好　　卖好

【买好】mǎihǎo [动]指语言行动上故意讨好别人。例：他是凭本事吃饭,无须故意~。

【卖好】màihǎo [动]指施展手段讨好别人。例：这种两面三刀、四处~的人,真应该鄙视。

买主　　卖主

【买主】mǎizhǔ [名]商品的购买者。例：他们想把厂房出售,但一直没找到~。

【卖主】màizhǔ ［名］出售商品的人。例：张女士在交了1万元定金后才发现所签房屋买卖合同的～竟然不是房主。

曼曼　蔓蔓　漫漫　慢慢

【曼曼】mànmàn ［形］距离远或时间长。例：路～其修远兮，吾将上下而求索。

【蔓蔓】mànmàn ［形］延展的样子。例：仿制草坪营造出庭院青草～的氛围。

【漫漫】mànmàn ［形］空间广远或时间长久的样子。例：在孤寂的空房中，她想起日后这～的岁月，痛不欲生。

【慢慢】mànmàn ①［形］缓慢；逐步。例：诸位安静一下，听我～道来。②［副］缓一缓；等到以后。例：这件事并不重要，～再做。

曼延　蔓延　漫延

【曼延】mànyán ［动］连绵不断。例：小路在山间～，通到山上各个小村子。

【蔓延】mànyán ［动］像蔓草一样不断向周围扩展。例：我们不允许自由主义现象在班上滋长～。

【漫延】mànyán ［动］向周围扩散。例：他因背上皮肤过敏而～至全身。

谩骂　漫骂

【谩骂】mànmà ［动］用轻蔑、嘲讽的口气乱骂。例：急躁、气愤、~、训斥往往是引起运动员情绪变化的主要因素。

【漫骂】mànmà [动]肆意乱骂。**例**：他站在家门口对着杨家~。

漫步　　慢步

【漫步】mànbù [动]没有目的而悠闲地走。**例**：我们~在林荫大道上。

【慢步】mànbù ①[形]脚步缓慢的。**例**：他一个人在前面走,其他人~跟在后面。②[名]缓慢的脚步。**例**：川剧旦角的步法要求是走~微风摆柳,走快步一字轻盈,磨步儿脚尖相对,起梭步身向前倾。

忙活

【忙活】mánghuó ①[动]方言。赶着做活。**例**：某地应届学霸家教的价格比普通家教要高出不少,~一暑假或能成为"万元户"。②[名]需要赶着做的活。**例**：这些~我来做吧。

【忙活】máng·huo [动]忙碌地做。**例**：你不要命啦?~了一整天还不睡觉。

莽莽　　漭漭

【莽莽】mǎngmǎng ①[形]草木茂盛的样子。**例**：世纪公园里,草木~,一片苍翠。②[形]原野辽阔无边的样子。**例**：天苍苍,野~,风吹草低见牛羊。

【漭漭】mǎngmǎng [形]水面广阔无边的样子。例：一艘邮轮在~大海上航行。

毛估　毛咕

【毛估】máogū [动]大概地估计一下。例：~一下,这叠纸有200张。

【毛咕】máo·gu [形]方言。有所疑惧而惊慌。例：见他这么笑着,我心里直~。

毛皮　皮毛

【毛皮】máopí [名]带毛的兽皮。例：美国于2000年颁布法律禁止进出口和买卖猫和狗的~以保护宠物。

【皮毛】pímáo ①同"毛皮"。②[名]比喻事物的浅层和表面。例：对于投资者来说,如果能够果断地止损,也就只伤~,不伤筋骨,翻身的机会很大,如果深度套牢或折损过半,想翻身就势比登天了。③[名]比喻表面的知识。例：对于玉器鉴赏我略知~。

眉目

【眉目】méimù ①[名]眉毛和眼睛。泛指容貌。例：这姑娘的~很清秀。②[名]文章的条理。例：写文章不在于长短,但~一定要清楚。

【眉目】méi·mu [名]事物的头绪或轮廓。例：事情办到现在还没有~,真是急死人了。

妹妹　姊姊

【妹妹】mèi·mei ①[名]同父母或只同父、只同母而年纪比自己小的女子。例：我～是个大学生。②[名]同族同辈而年纪比自己小的女子。一般不包括弟媳。例：她是我的远房～。

【姊姊】zǐ·zi ①[名]同父母或只同父、只同母而年纪比自己大的女子。例：星期天父亲带我和小～去公园玩。②[名]同族同辈而年纪比自己大的女子。一般不包括嫂子。例：她是我的表～。

闷沉沉

【闷沉沉】mēnchénchén ①[形]因空气不流通或气压低而感觉不舒畅。例：把窗户打开吧，房间里的空气～的。②[形]声音低沉的样子。例：远处传来一阵～的雷声。

【闷沉沉】mènchénchén [形]心情不好、闷闷不乐的样子。例：你打起精神来，别总～的。

闷闷

【闷闷】mēnmēn ①[形]不做声；闷声不响。例：张素素摇一摇头，～绕着一张梨木的圆桌子走了一圈。②[形]声音沉闷不扬。例：佛堂里笃笃的木鱼声～地响着，仿佛是从好几里路外面发出来的。

【闷闷】mènmèn [形]郁闷不乐的样子。例：他已经～不乐一整天了。

闷气

【闷气】mēnqì [形]因空气不流通或气压低而引起不舒畅的感觉。例：这间房间没有窗户,很~。

【闷气】mènqì [名]聚集在心中没有向外发泄的愤怒和怨气。例：受了一肚子委屈,他~难消。

门道

【门道】méndào [名]门前的长形通道。例：他穿过~,头也不回地走了。

【门道】mén·dao [名]做事的方法、窍门。例：在这一带,看搭瓜棚人的手艺高低、经验多少,~主要在这檐子上。

门房　门扉

【门房】ménfáng ①[名]设在大门内侧的小房,常作为传达室。例：工厂大门的两旁,各有一间~,里面都坐着一个人。②[名]看门的人。例：退休后他就在这里做~。

【门扉】ménfēi [名]门扇,门的可自由开关的部分。例：代表们聚首北京人民大会堂,叩响通往春天的~。

蒙眬　矇眬　朦胧

【蒙眬】ménglóng [形]刚睡醒或将睡着时视觉模糊的样子。例：他两眼~,睡意正浓。

【矇眬】ménglóng [形]日光不明的样子。例：天色~,稍远点的景物便看不清楚。
- 【朦胧】ménglóng ①[形]模糊不清的样子。例：清晨的村庄沉浸在一片烟雾~之中。②[形]月色不明的样子。例：今晚有雾,月光显得那么~。

蒙蒙　　朦朦

- 【蒙蒙】méngméng ①[形]模糊不清的样子。例：对面山峰上,云气~,草色越发的青绿了。②[形]蒙昧的样子。例：在父亲的眼中,他还是个~无知的少年。③[形]细雨迷蒙的样子。例：情深深,雨~。
- 【朦朦】méngméng [形]光线微明的样子。例：他俩坐在石板堤岸,看~月色下江水闪着银光缓缓东去。

咪咪　　眯眯

- 【咪咪】mīmī [拟声]形容猫叫的声音。例：小猫~叫。
- 【眯眯】mīmī [形]方言。一点点的样子。例：太阳公公~笑。

眯糊　　迷糊

- 【眯糊】mīhú [动]稍微睡一会儿,时间不长。例：他每天午饭后要~一小觉儿。
- 【迷糊】mí·hu [形]神志模糊不清或眼睛看不清楚。例：看他那~的样子,一定是酒喝得太多了。

弥撒　　弥散

- 【弥撒】mí·sa [名]天主教的一种宗教仪式。例：教皇在墨西哥城的瓜达卢佩圣母教堂举行~。

【弥散】mísàn [动]光线、烟雾、气味、声音等向四周扩散。例:太阳出来后,山中的云雾渐渐~。

密召　密诏

【密召】mìzhào [动]秘密召唤。例:"玄武门之变"前夕,李世民曾~房玄龄与杜如晦两人化装成道士入阁秘计。

【密诏】mìzhào [名]指中国古代封建社会皇帝下达的秘密诏书。例:《史记》记载汉景帝临死之前给窦婴~,大意是让他辅佐年幼的小皇帝。

免去　免却

【免去】miǎnqù [动]免除。例:他欠的租税全部~了。

【免却】miǎnquè [动]避免;防止。例:大众点评工作人员告诉记者,与团购不同,这种立减优惠可直接在总费用中扣除,~了之前团购的麻烦。

免役　免疫

【免役】miǎnyì ①[动]免除劳役。例:青苗法与~法是北宋王安石变法的主要内容。②[动]免除兵役。例:对韩国运动员来说,在亚运会上获得一枚金牌并不是最具有诱惑力的,而是获得金牌后可以~。

【免疫】miǎnyì [动]因有抵抗力而不患某种病症。例:~功能减退的人,容易感冒。

面坊　面访

【面坊】miànfáng　[名]磨面粉的作坊。**例**：他在农贸市场里开了一家～。

【面访】miànfǎng　[动]访问；当面询问。**例**：这家咨询公司可以在全国200多个中小城市提供预约～服务。

面糊

【面糊】miànhù　①[名]用面粉加水调成的糊状物。**例**：他教我做辣椒～。②[名]方言。糨糊。**例**：每年他都会挑上几副满意的对联,到了除夕时调好～,将对联贴上,年味儿十足。

【面糊】miàn·hu　[形]食物纤维少而柔软。**例**：南瓜煮熟了,很～。

面前　前面

【面前】miànqián　[名]面对着的地方。**例**：艰巨的任务摆在我们～。

【前面】qiánmiàn　[名]前边。**例**：你再往～走100米就是少年宫。

面世　世面

【面世】miànshì　[动]作品出版或产品投放市场。**例**：新的地铁列车年内可望～。

【世面】shìmiàn　[名]形形色色的社会情况。**例**：这位没见过多少～的农村妇女,不懂承包之类的事情,但她相信自己的儿子一定能干好。

面市　　市面

【面市】miànshì　[动]作品出版或产品投放市场。例：一种有机矿泉饮品近日～,各大食品商店均有销售。

【市面】shìmiàn　①[名]街面上;街上。例：那时战火虽然平息,可是～还很混乱,人心很不安定。②[名]工商业活动的一般状况。例：他们正在研究怎样把～繁荣起来。

渺渺　　缈缈

【渺渺】miǎomiǎo　①[形]幽远的样子。例：登高远望,青山～。②[形]微弱、藐小的样子。例：个人的力量～而不足道。③[形]水势浩大的样子。例：看重峦叠嶂,江水～,让人不由得豪情顿生。

【缈缈】miǎomiǎo　[形]高远隐约的样子。例：青山～水滔滔。

名牌　　铭牌

【名牌】míngpái　①[名]写有人或事物名称的牌子。例：贵宾席上摆放着来宾们的～。②[名]出名的牌子。例：他毕业于～大学,门门功课都是优秀。

【铭牌】míngpái　[名]标有名称、型号、规格及出厂日期、制造者等字样,贴在机器、仪表、机动车等上面的牌子。例：这台机器上的~做得很醒目。

明净　　明静

【明净】míngjìng　[形]明丽洁净。例：姑娘的身姿是那样娇小,眼神是如此~。

【明静】míngjìng　[形]明亮平静。例：在戈壁滩上行走了一天的探矿队员们忽然发现前面隐隐约约地出现了一片~的湖水。

明里　　明理

【明里】mínglǐ　[名]公开的场合。例：说话要说在~,不要在暗地里干见不得人的事。

【明理】mínglǐ　①[动]明察事理;懂道理。例：他是个~人,你们的苦衷其实他都晓得。②[名]明显的道理。例：杀人偿命这种~谁都知道。

明说　　说明

【明说】míngshuō　[动]直截了当地说出。例：双关手法有含蓄表义、幽默风趣的特点,它可以帮助人们把自己想说但又不便~的话委婉地表达出来。

【说明】shuōmíng　①[动]解释明白。例：他正在向老师~上课迟到的原因。②[名]解释意义的话。例：他正在翻看一本电器使用~。③[动]证明。例：考试成绩~我这种复习方法是完全正确的。

明文　文明

【明文】míngwén　[名]明确的文字记载;公开发布的法令、规章等。例:如果法律法规对安全保障义务有～规定的,应当按照规定执行。

【文明】wénmíng　①[名]文化。例:保持经济协调健康稳定快速发展,不断创造更丰富的社会财富,提高国家的综合实力,才能为构建社会主义和谐社会提供坚实的物质～。②[名]指人类社会的进步状态。例:人类从原始社会发展到～社会,经历了一个漫长的时期。

明显　显明

【明显】míngxiǎn　[形]清楚地显露出来。例:他的表情已非常～地表露出对此事的不满。

【显明】xiǎnmíng　[形]清楚明白。例:对方的企图这么～,你怎么看不出来呢?

冥冥　溟溟

【冥冥】míngmíng　①[形]昏暗渺茫的样子。例:～的暮色遮住了群山,密密的树林中,再也听不见鸟儿呼朋唤友的歌唱声。②[形]糊涂、不明事理的样子。例:这家伙尽干些蠢蠢蛋蛋、～顽顽的事。③[名]指主宰人世的神灵世界。例:有时,他竟也相信～之中大概确实有神灵支配人世间的祸福。

【溟溟】míngmíng ①[形]细雨迷蒙的样子。例:松风阁下雨~。②[形]幽暗、迷茫的样子。例:这幅画作展现的是一个烟雨~的场景。

蓦然　　漠然

【蓦然】mòrán　[副]忽然;猛然。例:我~意识到,这只狼赶走群狼是为了吃独食。

【漠然】mòrán　[形]不关心、不在意的样子。例:面对同学的不幸遭遇,他居然显得如此~。

木板　　木版

【木板】mùbǎn　①[名]板状的木材。例:~是家庭装潢中经常使用的材料。②同"木版"。

【木版】mùbǎn　[名]上面刻有文字或图画的木质印刷板。例:~年画是中国历史悠久的传统民间艺术形式。

目眩　　炫目

【目眩】mùxuàn　[形]眼花,看东西模糊不清。例:晚上,对面大楼的灯光强烈,令人~。

【炫目】xuànmù　[形]光彩耀眼。例:几盆应时的花在暮春的暖风里满足似的微微摆动,鲜明的红绿色映着日光更加~。

Nn

哪儿　　那儿

【哪儿】nǎ'ér　[代]哪里。例：你从～来?

【那儿】nà'ér　①[代]那里。例：～的土特产特别多。②[代]那时候,多用在"打、从、由"后面。例：从～起他就坚持练习书法。

哪个　　那个

【哪个】nǎgè　①[代]哪一个。例：你是～学校毕业的?②[代]谁。例：你去看一下～在敲门?

【那个】nàgè　①[代]那一个。例：你就挑～西瓜吧,个大,水分多。②[代]那东西;那事情。例：～不用你操心,我们自己会想办法。③[代]用在动词、形容词之前,表示夸张。例：大伙儿～高兴劲啊,就甭提了!④[代]代替不便直说的话(含有婉转或诙谐的意味)。例：你刚才的脾气也太～了。

哪里　　那里

【哪里】nǎlǐ　①[代]问什么处所。例：你从～来?②[代]

表示不确定的处所。**例**：大家都不知道她现在在～。③［代］泛指任何处所。**例**：上下班高峰时,～都堵车。④［代］用于反问句。表示否定。**例**：战士们到处找水喝,可是～有一点水呢? ⑤［代］谦词。婉转地表示否定。**例**：～的话,咱们一块儿出来,当然有饭大家吃、有难共同当。

【那里】nàlǐ ［代］指距离说话人较远的地方。**例**：我的家在东北松花江上,～有森林煤矿,还有那满山遍野的大豆高粱。

哪些　　那些

【哪些】nǎxiē ［代］哪一些。**例**：～东西是你的? 你全拿回去。

【那些】nàxiē ［代］指两个以上的人或事。**例**：我已经把～问题全部写在纸上了,你自己拿去看吧。

哪样　　那样

【哪样】nǎyàng ①［代］问性质、状态等。**例**：你到底要闹到～才肯罢休? ②［代］指性质、状态等。**例**：这里的运动鞋款式较多,你要～的?

【那样】nàyàng ［代］指性质、状态、方式、程度等。**例**：他已经急得～了,你就别再逗他了。

男人

【男人】nánrén ［名］男性成年人。**例**：这个～是他的叔叔。

【男人】nán·ren ［名］丈夫。例：她的～是现役军人。

难处

【难处】nánchǔ ［形］难以相处。例：他性格怪异，非常～。

【难处】nán·chu ［名］困难的地方。例：每个人都有自己的～，只不过有的人不容易被发觉罢了。

难受　受难

【难受】nánshòu ①［形］身体不舒服。例：小华感冒发烧，浑身酸疼～。②［形］心里不痛快。例：他做了错事，心里很～。

【受难】shòunàn ［动］遭受灾难。例：成就大事的人必须耐得住寂寞，经得起诱惑，具有受苦～的决心。

讷讷　呐呐

【讷讷】nènè ①［形］说话迟钝谨慎的样子。例：他说起话来～的，总是不肯多说的样子。②［形］低声说话的样子。例：他坐在一边，嘴里～着什么。

【呐呐】nènè ［形］说话声音低沉或含混不清的样子。例：到韦护征求她的意见时，她竟手足无措地～着。

泥泥　昵昵

【泥泥】níní ［形］道路泥泞的样子。例：淫雨不歇，在～的道路上骑车很不安全。

【昵昵】nìnì ［形］亲切、亲密的样子。例：金钱有时能使势不两立的人～起来。

年青　青年

【年青】niánqīng ［形］处在青少年时期的。例：你们～一代正是勤奋学习的大好时光。

【青年】qīngnián ①［名］指人十五岁到三十岁左右的阶段。例：～时期是朝气蓬勃的时期。②［名］指上述年龄的人。例：张强是个好～。

年时

【年时】niánshí ①［名］方言。年数。例：他做买卖的～不短了。②［名］往年。例：今年的粮食产量不比～。

【年时】nián·shi ［名］方言。去年。例：他们是～才迁入新居的。

年幼　幼年

【年幼】niányòu ［形］年纪幼小。例：他那时～无知，交了一些品行不好的朋友。

【幼年】yòunián ［名］年龄在三岁到十岁左右的时期。例：他通过微博公开了自己～时期的照片。

黏涎　黏液

【黏涎】niánxián ［形］指说话、动作、表演等长而无味，令人厌倦。**例**：这演得戏那么～,一点儿不紧凑。

【黏液】niányè ［名］人和动植物体内分泌出来的黏稠液体。**例**：当～卡在喉咙里时会感觉很难受。

镊取　　摄取

【镊取】nièqǔ ［动］用镊子夹取。**例**：他正在～被他不小心掉落在墙缝里的交通卡。

【摄取】shèqǔ ①［动］吸收营养等。**例**：样本化验显示她们的钙、铁及碘的～量低于标准水平,有可能引起骨质疏松。②［动］拍摄。**例**：图片为摄影师在800米高空～到的地面镜头。

凝冻　　凝练

【凝冻】níngdòng ［动］因冰冻而凝固。**例**：这种液体遇冷就会～。

【凝练】níngliàn ［形］紧凑简练。**例**：这篇作文结构～,文笔优美。

扭结　　纽结

【扭结】niǔjié ［动］纠缠;缠绕在一起。**例**：劝架的人费了好大的劲才把～在一起的两人拉开。

【纽结】niǔjié ①［名］由条状物结成的疙瘩;布结成的纽扣。**例**：他穿上褡裢,系好～,向门外走去。②［名］矛盾的中心环节。**例**：两人产生矛盾的～终于被解开了。

农药　　药农

【**农药**】nóngyào　[名]农业上用于防治病虫以及调节植物生长的药品的通称。**例**：从农业部获悉,我国~残留标准体系正在加紧建设。

【**药农**】yàonóng　[名]以种植或采集药材为生的农民。**例**：民间流传着~向何仙姑请教草药知识的故事。

哝哝　　浓浓

【**哝哝**】nóngnóng　①[动]低声絮语。**例**：她俩在路边~了老半天。②[形]形容絮语声。**例**：隔壁房间里传来她俩~的说笑声。

【**浓浓**】nóngnóng　①[形]露水多的样子。**例**：风清清,露~。②[形]形容程度深。**例**：劳累了一天,大伙儿睡意~。

浓冽　　浓烈

【**浓冽**】nóngliè　[形]浓郁清醇。**例**：餐厅里传来一股~的酒香。

【**浓烈**】nóngliè　①[形]烟雾、气味等浓重。**例**：~的桂花香气扑鼻而来。②[形]浓厚;强烈。**例**：他的普通话里夹杂着~的地方口音。

浓艳　　秾艳

【**浓艳**】nóngyàn　[形]色彩浓重而艳丽。**例**：她~的装束与晚会的气氛不太和谐。
- 【秾艳】nóngyàn ［形］花木茂盛而鲜艳。例：池畔的一排樱花树都开花了，～得像一片云霞。

女人

- 【女人】nǚrén ［名］成年女性。例：这是个饱经风霜的～。
- 【女人】nǚ·ren ［名］妻子。例：他在城市里打工，他～在家里照顾老人和孩子。

诺诺　喏喏

- 【诺诺】nuònuò ［形］连声应诺的样子。表示顺从、不加违逆。例：他在领导面前总是唯唯～、唯命是从的。
- 【喏喏】nuònuò ［拟声］形容应诺声。表示顺从。例：对于大家的批评帮助，他～地表示虚心接受。

Oo

偶合　　耦合　　遇合

【偶合】ǒuhé　[动]无意中恰巧相同或一致。**例**:我们两人的观点一直不同,在这件事上意见一致完全是～。

【耦合】ǒuhé　[动]物理学上指两个或两个以上的体系或两种运动形式之间通过各种相互作用而彼此影响以至联合起来的现象。**例**:目前我们所使用的摄像头中几乎全部用电荷～器件。

【遇合】yùhé　①[动]相遇而彼此投合。**例**:阅读对他来说,不仅是精神上的契合,更是一种生命的～。②[动]碰到;遇到。**例**:在日常工作中总是会～那些令人意想不到的事情。

怕生　　生怕

【**怕生**】pàshēng　[动]认生;小孩子怕见陌生人。**例**:孩子~的问题,估计大多数父母都遭遇过。

【**生怕**】shēngpà　[动]就怕;很怕。**例**:有的人在工作中出了一点力就觉得了不起,喜欢自夸,~人家不知道。

拍手　　手帕

【**拍手**】pāishǒu　[动]两手相拍。多用以表示欢迎、感谢或赞成等。**例**:功夫之王表演绝活引得观众~叫绝。

【**手帕**】shǒupà　[名]即手绢。方形小块织物,用来擦汗或擦鼻涕等。**例**:此次公益活动旨在号召大家重拾~,减少一次性纸巾的使用,保护森林资源。

拍档　　排档

【**拍档**】pāidàng　①[动]合作;协作。**例**:这部电视剧由两名当红明星~主演。②[名]合作或协作的人。**例**:他俩是工作中的最佳~。

【排档】páidàng　[名]设在路边、广场上的售货摊。例：庙会期间,这里摆满了各种~。

排挡　　排档

【排挡】páidǎng　[名]机动车辆用来改变牵引力,使车辆变速或倒行的装置。例：不管他怎样心急,怎样加大油门,怎样调换~,车子还是一步也前进不了。

【排档】páidàng　[名]设在路边、广场上的售货摊。例：庙会期间,这里摆满了各种~。

排诋　　排抵

【排诋】páidǐ　[动]排斥诋毁。例：孔子的弟子、传人对异端思想力加~。

【排抵】páidǐ　[动]排斥抵制。例：当年因各界~日货而为日侨所忌。

排头　　头排

【排头】páitóu　①[名]队伍的最前面。例：高一(1)班同学是运动会入场式的~。②[名]站在队伍最前面的人。例：操练场上指挥官下令向~看齐。

【头排】tóupái　[形]看演出、听报告等时位子在第一排的。例：这几张~票早就被抢光了。

盘亘　　盘桓

【盘亘】pángèn　[动]指山互相连接。例：此地因境内山岭~交错、山峰林立而名盘峰。

【盘桓】pánhuán ①[动]徘徊逗留。例：在植物园里~，时常可以感受到一种特殊的情趣。②[动]盘旋；曲折回绕。例：由于气象原因，我们乘坐的飞机在机场上空~了三十分钟才着陆。

盘诘　　盘结

【盘诘】pánjié [动]查问；盘问。例：这几个关隘处都有专人把守，对来往的可疑之人~得很严。

【盘结】pánjié [动]回环连结。例：他和指战员们冒着刺骨的海风，把~如网的芦根，一根一根地拔掉。

盘算　　算盘

【盘算】pánsuàn [动]心里打算或筹划。例：这笔钱该怎么花，他早就~好了。

【算盘】suànpán ①[名]一种计算数目的用具。例：爷爷收藏了一只红木~。②[名]计划；打算。例：他嘴上不说，心里却打着如意~。

盘子　　盆子

【盘子】pán·zi ①[名]比碟大的敞口扁浅的盛物器具。例：用~盛菜夹起菜来比较方便，也比较美观。②[名]指商品行情。例：有人认为四大行股价难以大涨是因为~太大了。③[名]比喻事物的规模、范围。例：不少地方在编制年度预算时,一般都是按长官意图安排～。

【盆子】pén·zi [名]口大、底小且多为圆形的盛物或洗东西的器具。例:这个～是给孩子洗澡用的。

磐石　　石磬

【磐石】pánshí [名]厚而重的大石头。比喻稳定坚固。例:他在公司的权威地位安如～。

【石磬】shíqìng [名]古代一种打击乐器。例:内蒙赤峰松山区三座店山城遗址中出土了一件距今4 000多年的～。

旁征　　旁证

【旁征】pángzhēng [动]大量地寻求、搜集引证材料。例:王老师讲课～博引,深入浅出,很有知识性和趣味性。

【旁证】pángzhèng [名]主要证据以外的其他证据。例:法庭不会只依赖～就判定一个人有罪。

泡子

【泡子】pāo·zi [名]方言。小湖泊;池塘。亦用作地名。例:屯落东边的～里,菱角开着小小的金黄的花朵。

【泡子】pào·zi [名]灯泡。例:这种～的使用寿命可以达到5 000个小时。

狍子　　袍子

【狍子】páo·zi [名]一种小型鹿。有竖直的圆柱形的角,尖端处分叉,基底相接近,夏季毛色赤褐,冬季灰色较多,有白色的臀盘,以行动敏捷优雅而著称。**例**：～是我国东北林区较为常见的一种野生动物。

【袍子】páo·zi ［名］一种有夹层的长衣。**例**：他把宝玉的～穿上,靴子也穿上,带子也系上,猛一瞧,活脱儿就像是宝兄弟。

胚胎　　坯胎

【胚胎】pēitāi ［名］由受精卵发育而成的初期动物体。**例**：马鹿养殖基地迎来了7只通过～移植诞生的小马鹿。

【坯胎】pītāi ［名］指已具备所要求的形状,但还需要加工的半成品。**例**：陶器烧制前,先要将～晾干。

配合

【配合】pèihé ［动］各方面分工合作共同完成任务。**例**：你要好好～小王完成这项工作。

【配合】pèi·he ［形］放在一起显得合适;相称。**例**：她觉得书房里的粉色窗帘与和蓝色墙纸不大～。

怦怦　　砰砰

【怦怦】pēngpēng ［拟声］形容心跳的声音。**例**：他们相互间不曾谈过一个爱字,可是多多一见到他,心就～地跳,脸儿也发红。

【砰砰】pēngpēng ［拟声］形容撞击或重物落地的声音。

例：一阵~的敲门声把他从睡梦中惊醒。

皮肉　　肉皮

【皮肉】píròu　［名］指肉体。例：这些女孩因出卖~而遭歧视。

【肉皮】ròupí　［名］指猪肉的皮。例：经常食用含有大量胶原蛋白质的~,能防止皮肤过早褶皱,延缓皮肤的衰老。

片子

【片子】piān·zi　①［名］电影胶片;泛指影片。例：这几部~都获得过电影奥斯卡奖。②［名］X光照相的底片。例：他小腿骨折了,正在医院里拍~。③［名］留声机的唱片。例：他专门收集胶木~。

【片子】piàn·zi　①［名］泛指扁薄状的物体。例：他把这些纸~裁成一样大小用做卡片。②［名］名片。例：交换~是新朋友互相认识、自我介绍的快速有效的方法。

偏方　　偏房

【偏方】piānfāng　［名］流传于民间、医药经典著作未加记载的中药方。例：他非常怕死,整天吃些补药,相信一切益寿延年的~。

【偏房】piānfáng　①［名］旧时称妾。例：旧社会他的妹妹做了有钱人家的~。②［名］四合院中的厢房。例：他家的正屋和~四壁布满各种书画和匾额。

偏好

【偏好】piānhǎo　[副]刚好;碰巧。**例**:他～也要去那儿,你俩就一块吧。

【偏好】piānhào　[动]对某种事物特别爱好。**例**:他～通俗歌曲。

偏偏　翩翩

【偏偏】piānpiān　①[副]表示故意跟客观要求或客观情况相反。**例**:他无非是要我认输,我～不认输。②[副]表示事实跟所期待的恰恰相反。**例**:大家都盼望他来,他～不来。③[副]表示范围,与"单单"略同。**例**:大家都按时完成了任务,为什么～你没完成?

【翩翩】piānpiān　①[形]轻快起舞的样子。**例**:几只蝴蝶在花丛中～飞舞。②[形]举止洒脱的样子。**例**:他举止得体,风度～,是位广受欢迎的人。

翩跹　蹁跹

【翩跹】piānxiān　[形]舞姿轻快飘逸的样子。**例**:看着他玩转柔力球的矫健步伐,看着他～起舞的潇洒身影,你会将他与癌症患者联系在一起吗?

【蹁跹】piánxiān　[形]旋转舞动的样子。**例**:芭蕾舞演员的～旋转博得阵阵掌声。

漂荡　　飘荡

【漂荡】piāodàng　①[动]在水上浮动。例：小船在水中~。②[动]漂泊;流浪。例：他离开家乡后便四处~。

【飘荡】piāodàng　[动]在空中随风摆动。例：那种比任何琴弦所能发出的更温柔的声音至今还在他的耳边~。

漂浮　　飘浮

【漂浮】piāofú　①[动]停留在液体表面不下沉。例：一叶小舟~在水面上。②[形]工作、学习等态度不认真、不踏实。例：小王工作态度~,同事们很有意见。

【飘浮】piāofú　①[动]随风摇动或飞扬。例：卷云丝丝缕缕地~着,有时像一片白色的羽毛,有时像一块洁白的绫纱。② 同"漂浮②"。

漂漂　　飘飘

【漂漂】piāopiāo　①[形]漂浮、浮动的样子。例：菜汤里只有~的几滴油珠。②[动]漂泊;流浪。例：他~一世,无处安身。

【飘飘】piāopiāo　①[形]随风摇动或飞扬的样子。例：春暖乍寒时节,北国雪花~,南方细雨蒙蒙。②[形]飞翔的样子。例：鸟儿在空中舞出~的身影。③[形]轻盈舒缓、超尘脱俗的样子。例：聋哑姑娘表演的舞蹈《千手观音》端庄优雅、~柔美。

漂移　　飘移

【**漂移**】piāoyí ［动］物体在液体中漂浮、移动。**例**：这只漂流瓶是从大洋彼岸~过来的。

【**飘移**】piāoyí ［动］物体在空中飘浮、移动。**例**：远处~着一只大型气球。

漂游　　飘游

【**漂游**】piāoyóu ［动］物体在液体中缓慢地漂动。**例**：一座巨大的冰山缓缓地在海上~。

【**飘游**】piāoyóu ［动］物体在空中缓慢地飘动。**例**：几朵白云在山头上空慢慢地~。

贫油　　贫铀

【**贫油**】pínyóu ［动］地质学上指某一国家或地区石油蕴藏量极少。**例**：大庆油田的开发摘掉了中国~帽子。

【**贫铀**】pínyòu ［名］一种主要由铀-238构成的物质,为核燃料制程中的副产物,有低放射性。**例**：~除了具有放射性外,它的金属性能也是其他金属不可替代的。

品名　　品茗

【**品名**】pǐnmíng ［名］物品的名称。**例**：每个包装盒上都标明~、净重、含量、批号与生产厂家等。

【**品茗**】pǐnmíng ［动］品茶。**例**：这次郊游,他们先爬山,后～。

平板　　平版

【平板】píngbǎn　［形］平淡死板,没有曲折变化。例：这块地毯的样式很～。

【平版】píngbǎn　［名］版面图文部分和空白部分都没有凹凸纹的印刷版。例：～印刷是由早期石版印刷而发展命名的。

平定　　评定

【平定】píngdìng　①［动］平稳;安定。例：听了他的话,我激动的心情暂时～下来。②［动］平息叛乱。例：曹操～汉中时,夺取阳平关是关键性的一战。

【评定】píngdìng　［动］经过评判核定胜负或优劣。例：经过专家～,他的这幅水彩画获二等奖。

平分　　评分

【平分】píngfēn　［动］平均分配;对半分。例：三角形三条边的垂直～线相交于一点,这个点到三角形三个顶点的距离相等。

【评分】píngfēn　［动］根据成绩评定分数。例：语文考试的～标准已经确定。

平级　　评级

【平级】píngjí　［形］职务、职称、技术等级等的级别一样。

例：~调动是指内部人员在同级水平的职务之间调动。

【评级】 píngjí ［动］评定干部、职工、投资者等在待遇、工资、信用等方面的等级。例：信用~的目的是显示受评对象信贷违约风险的大小，一般由某些专门信用评估机构进行。

平价　评价

【平价】 píngjià ①［动］平抑上涨的物价，使之平稳。例：有关部门采取多项措施~，力求尽快遏制物价过快上涨的势头。②［名］平抑了的物价。例：有的商店把~和议价商品混杂在一起，从中获取非法利润。③［名］普通的价格。例：市面上有很多好用的~护肤品，它们的效果一点也不比大牌差。④［名］一国本位货币规定的含金量。亦指两个金本位（或银本位）国家间本位货币法定含金量（或含银量）的比值。例：以两种金属铸币含金量之比得到的汇率称为铸币~，它是金本价的一种表现形式。

【评价】 píngjià ①［动］评定人或事物的价值和作用。例：人们高度~了他在过去一年中的工作成绩。②［名］评定的价值和作用。例：他满以为这一次展览，会使自己的作品得到应有的~。

平靖　平静

【平靖】 píngjìng ①［动］用武力镇压动乱而使局面安定。例：1681年清朝~三藩之乱，国内局势安定之后，康熙致力于加强东北防务，收复被沙俄侵略军所侵占的国土，以结束黑龙江地区各族人民被肆意残害的状况。②[形]社会秩序安定。**例**：当生活的波澜复归~之后,追忆往事,大家竟生出无限的感慨!

【平静】píngjìng ①[形]环境安宁,没有骚扰或动荡。**例**：他们单位表面看来~无事,实际上问题很严重。②[形]心情平和、安静。**例**：想起会议上发生的争论,刘主任的心情是无法~的。

平叛　　评判

【平叛】píngpàn [动]平定叛乱。**例**：他亲身经历了1959年西藏反动上层集团发动的叛乱,并参与了~斗争。

【评判】píngpàn [动]判定胜负、是非或优劣。**例**：一些年轻人追求时髦,崇尚新奇,却缺少鉴别、~能力。

平生　　生平

【平生】píngshēng ①[名]终身;一辈子。**例**：奶奶~念佛吃素。②[名]有生以来。**例**：我~第一次碰到这样的人。③[名]平时;素日。**例**：学习成绩的好坏与~是否努力学习是密切相关的。

【生平】shēngpíng ① 同"平生①"。② 同"平生②"。

平摊　　摊平

【平摊】píngtān [动]平均分摊;摊派。**例**：这次旅游费用大家~。

【摊平】tānpíng ①[动]把东西摆开铺平。例：铺路工将拌和好的石料、黏土、砂堆放在地面上,再~压实。②[动]指股票投资者在股价下跌时购买股票,趁低价增加购买,以降低自己手中股票的平均成本。例：~是股票被套牢后的一种被动应变策略,它本身不是一个解套的好办法,但在某些特定情况下是最合适的方法。

平心　心平

【平心】píngxīn ①[形]除去成见,用心公平。例：~而论,这家企业的老板付给员工的薪水还是很丰厚的。②[形]平静心情。例：不要抱怨生活给予太多的磨难,要学会~地接受现实。

【心平】xīnpíng ①[形]要求不高。例：在物质享受方面,她倒是很~的。②[形]心情平静。例：从院长办公室出来的时候,她~如镜,一往如常。

平整　平正

【平整】píngzhěng ①[形]平坦;整齐。例：厨房的地砖铺得十分~。②[动]填挖土方使土地平坦整齐。例：施工人员在~场地。

【平正】píngzhèng [形]端正;不歪斜。例：教室里的课桌椅摆放得很~。

评价　评介

【评价】píngjià ①[动]评定人或事物的价值和作用。

例:人们高度～了他在过去一年中的工作成绩。②[名]评定的价值和作用。例:他满以为这一次展览,会使自己的作品得到应有的～。

【评介】píngjiè [动]评论介绍。例:这篇论文专门～国内外科技研究新进展。

评书　书评

【评书】píngshū [名]曲艺的一种,多讲说长篇故事,用折扇和醒木等做道具。例:他喜欢听单田芳、刘兰芳、田连元等老艺术家的经典～。

【书评】shūpíng [名]评论并介绍书刊的文章。例:经常阅读报纸杂志上发表的～会使人受益良多。

评述　述评

【评述】píngshù [动]评论和叙述。例:我谈的只是自己的读书体会,不是对这本书的～,仅供各位参考。

【述评】shùpíng ①同"评述"。②[名]评论和叙述的文章。例:新华社发表经济形势系列～——《加快培育发展新动能》。

迫降

【迫降】pòjiàng ①[动]飞机因迷航、燃料用尽或发生故障等原因不能继续飞行而被迫降落。例:一架美军飞机由于机械故障～在太平洋上,机上三名飞行员乘坐一艘充气的救生筏逃生。②[动]强迫严重违反飞行纪律或擅自越境的飞机在指定的机场降落。例：奥斯皮维奇认为韩国飞行员应该看到了炮火和灯光,这是要求～否则就要开火的信号。

【迫降】pòxiáng　[动]逼迫敌人投降。例：当年这名指挥官派一支精干部队抢占了镇子南边的制高点,既能防止敌人增援,又可以～。

破例　破裂

【破例】pòlì　[动]突破常例。例：因为他卓越的经历而～被该校录用。

【破裂】pòliè　[动]完整的东西出现裂缝。例：他们两人的友谊～了。

扑打

【扑打】pūdǎ　[动]扑击除灭。例：平时可以使用～等方法杀灭蚊子。

【扑打】pū·da　[动]轻轻地拍。例：他边说话边～着大衣上的积雪。

扑棱

【扑棱】pūlēng　[拟声]形容翅膀抖动的声音。例：一只鸽子～一声飞到对面的房檐上。

【扑棱】pū·leng　[动]扇动或张开。例：一只迷途的鸟～

着疲惫的羽翅在空中旋转着。

扑扑　仆仆

【扑扑】 pūpū ①[拟声]形容翅膀抖动的声音。例：子弹像蝗虫似的在我们身边～乱飞。②[形]尘土堆积或飞扬的样子。例：他那件重甸甸的中装大衣,他那两口重甸甸的小皮箱,都是灰～的样子。

【仆仆】 púpú [形]旅途劳累的样子。例：一路上风尘～,到了酒店后大家都早点休息吧。

扑腾

【扑腾】 pūtēng [拟声]形容重物落地的声音。例：就在她提竿的时候,鱼儿挣断了钓线,～一声掉入水中。

【扑腾】 pū·teng ①[动]游泳时用脚打水。例：我看他像鸭子一样在水中～着。②[动]跳动。例：看到这危险的场景他心里直～。③[动]方言。活动。例：几只小鸡在沙地里～。④[动]挥霍;浪费。例：这些年他家的钱财全让他给～完了。

铺盖

【铺盖】 pūgài [动]平铺着盖。例：寒冬和早春季节的早晨,草地上～着一层白色冰晶物,这就是霜。

【铺盖】 pū·gai [名]被子、毯子之类的床上用品。例：县委书记把～搬到农家炕头上,事情办在农民心坎里,以点带面指导全县工作。

匍匐　　葡萄

- 【匍匐】púfú ［动］趴在地上前进。例：交通员～着通过敌人的封锁线。
- 【葡萄】pú·tao ［名］植物名。落叶爬藤植物,花小,黄绿色。果实成串,圆形,汁水甜而带酸,是一种常见水果。也可制葡萄酒。例：今年～大丰收,果民们心里乐开了花。

Qq

妻子

【妻子】qīzǐ [名]妻子和儿女。例:这些贫困地区的农民,他们家有~,都想过上富裕的日子。

【妻子】qī·zi [名]男子的配偶。例:老张有个贤惠的~。

凄迷　萋迷

【凄迷】qīmí [形]凄凉、模糊的样子。例:冬天的园子里花木枯萎,景色~。

【萋迷】qīmí [形]草木茂盛的样子。例:他们来到父亲的坟前,只见坟头已是绿草~。

凄凄　萋萋

【凄凄】qīqī ①[形]寒凉的样子。例:风~,雨潇潇,如丝的雨线抽打着天空与大地。②[形]悲伤、凄惨的样子。例:夜已深,只有虫儿在~地叫着。

【萋萋】qīqī [形]草长得茂盛的样子。例:草原上绿草~,花香郁郁。

戚戚　喊喊

【戚戚】qīqī　[形]忧惧、忧伤的样子。例：不～于贫贱，不汲汲于富贵。

【喊喊】qīqī　[拟声]形容小声说话的声音。例：他把嘴凑近虎子耳边，～地说："叫我一声哥哥！"

期间　其间

【期间】qījiān　[名]某个时期里面。例：农忙～，农民们工作很辛苦。

【其间】qíjiān　[代]这中间。例：他不辞而别，～定有原因。

期限　限期

【期限】qīxiàn　①[名]限定的一段时间。例：我们以三个月为～，共同来做一次试验。②[名]所限时间的最后界限。例：蜉蝣朝生暮死，是一种生命～极其短暂的生物。

【限期】xiànqī　①[动]限定日期，不许超过。例：巡查小组在巡查的过程中发现问题，责令有关部门～整改。②[名]限定的不许超过的时间。例：破案的～已到，凶手还未查出。

期中　其中

【期中】qīzhōng　[名]一个学期的前半学期结束的时候。例：马上就要～考试了，大家抓紧时间好好复习。

【其中】qízhōng ［名］那里面。例：学校排球队正式成立了,我就是~的一员。

期中　　中期

【期中】qīzhōng ［名］一个学期的前半学期结束的时候。例：马上就要~考试了,大家抓紧时间好好复习。
【中期】zhōngqī ①［名］某一时期的中间阶段。例：要加强稻田的~管理。②［名］时期的长短在长期和短期之间。例：~贷款利率比短期贷款利率高。

奇兵　　骑兵

【奇兵】qíbīng ［名］出其不意突然袭击的军队。例：按照孙子关于"奇正"的用兵思想,一般都是以正兵迎战,以~制胜。
【骑兵】qíbīng ［名］骑马作战的军队或士兵。例：欣赏着这些先进设施,他的心情和一个将军检阅自己得胜班师的~时一样。

棋手　　旗手

【棋手】qíshǒu ［名］擅长下棋的人或以下棋为主要活动的人。例：在应氏杯世界围棋职业锦标赛上,中韩两国各有两名~晋级四强。
【旗手】qíshǒu ①［名］在行列前打旗子的人。例：他是本届运动会入场式的~。②［名］比喻领导人或先行者。

例：鲁迅是新文化运动的～。

棋子　　旗子

【**棋子**】qízǐ　［名］棋类游戏中用来放在棋盘上对弈的、用木头或其他材料做成的小块。通常用颜色分为数目相等的两部分或几部分。**例**：他好像刚下完象棋,正在那里收～呢。

【**旗子**】qí·zi　［名］用绸、布、纸等制成的长方形、方形或三角形的标志,多挂在杆子上或墙壁上。**例**：他站在屋顶上,挥舞着一面标有"安全生产"的～。

起火

【**起火**】qǐhuǒ　①［动］发生火灾。**例**：大楼～时,人们一片惊慌。②［动］生火做饭。**例**：在食堂吃比自己～省事多了。③［动］发怒。**例**：你冷静点好不好? 别动不动就～。

【**起火**】qǐ·huo　［名］一种带着苇子秆的花炮。**例**：这种～点燃后会升得很高。

气血　　血气

【**气血**】qìxuè　［名］中医指人体内的精气和血液。**例**：中医认为女子以血为本,调养～是女性美丽的关键。

【**血气**】xuèqì　①［名］精力。**例**：琼斯生来就是个～旺盛的人,如今借着酒力,越发肆无忌惮起来。②［名］正直刚强的气质。**例**：那是一群有～、有胆魄的青年。

汽水　　水汽

【**汽水**】qìshuǐ　［名］泛指碳酸饮料。**例**：体温上升时喝几口～，可使体温下降，起到暂时退烧的作用。

【**水汽**】shuǐqì　［名］呈气态的水；水蒸气。**例**：科学家首次在太阳系外探测到～云团，距离地球大约 7.2 光年。

汽油　　油气

【**汽油**】qìyóu　［名］一种轻质石油产品，由石油炼制得到，易挥发，易燃烧，主要用作汽车点燃时内燃机燃料。**例**：～广泛用于汽车、摩托车、快艇、直升机等。

【**油气**】yóuqì　［名］石油和伴生的天然气。**例**：沙特的～资源极为丰富。

器乐　　乐器

【**器乐**】qìyuè　［名］用乐器演奏的音乐。**例**：民族～比赛颁奖音乐会在周末举行。

【**乐器**】yuèqì　［名］能够发出乐音并能进行音乐艺术再创造的器具,如钢琴、小提琴、口琴、笛子、板鼓等。**例**：市民们一边吹着凉爽的风，一边聆听民族～演奏家带来的民乐独奏音乐会。

千斤

【**千斤**】qiānjīn　［形］指责任或负担非常重。**例**：要把老百姓关心的事作为各级政府必须肩负的～重担。

【千斤】qiān·jin ①[名]起重工具千斤顶的简称。例：每辆车上都配备有～。②[名]机器中防止齿轮倒转的装置，是由安置在轴上的有齿零件和弹簧组成。例：这台机器上的～坏了。

千千　芊芊

【千千】qiānqiān [形]数量多。例：此刻,她心底的～愿望化为一个——愿母亲早日康复!

【芊芊】qiānqiān ①[形]草木茂盛的样子。例：～的碧草踏在脚下软软的。②[形]苍翠、碧绿的样子。例：～无际的山坡上,开着许多不知名的黄的、白的、红的、紫的花。

千秋　秋千

【千秋】qiānqiū [名]指很长的时间。例：愿中华民族的美好传统,～万代,流传下去。

【秋千】qiūqiān [名]一种运动和游戏用具。在架子上系两根长绳,下面拴一块木板,人两手握绳坐在板上,利用脚蹬木板的力量,在空中前后摆动。例：孩子们在公园里荡～。

千万　万千

【千万】qiānwàn [副]一定;务必。例：明天开会你～别迟到。

【万千】wànqiān ①[数]指数量多。例：他们几乎都是独生子女,从小就生活在～宠爱中。②[数]事物所表现的方面多。多指抽象事物。**例**:旧地重游,他不禁思绪～。

扦子　　钎子

【扦子】qiān·zi　①[名]金属、竹子等制成的针状物;主要部分呈针状的器物。**例**:他把几根羊肉串～扔进了垃圾箱。②[名]插进装着粉末状或颗粒状货物的囊袋,从中取出样品的铁器,形状像中空并开口的山羊角。**例**:质量检验人员正用～检查每个袋子所装的货物。

【钎子】qiān·zi　[名]用手工或机械在岩石上打凿孔眼的工具。**例**:这种钢质的～耐磨而不易折断。

牵掣　　牵制

【牵掣】qiānchè　①[动]因牵连而受影响或受阻碍。**例**:过高的贸易顺差会～一国央行的货币政策。②同"牵制"。

【牵制】qiānzhì　[动]拖住使不能自由行动。**例**:这三种成分之间的关系错综复杂,相互影响,相互～,形成一种环状结构。

前方　　前房

【前方】qiánfāng　①[名]面前的方向。**例**:～正在修路,车辆请绕道行驶。②[名]前线。**例**:～正在打仗,部队需要增援。

【前房】qiánfáng　①[名]旧称先娶之妻。**例**:他的前房早死了,留下的一个儿子,小名叫牛大。②[名]庭院最前面的房屋。例：他正在粉刷～的天花板。

前例　　前列

【前例】qiánlì　［名］可供参照的以往的事例。例：解放后发动群众开展的灭蝗、治水、救灾运动,收到了史无～的效果。

【前列】qiánliè　①［名］行列的前面。例：广播操比赛时,他排在队伍最～。②［名］比喻工作或事业中处于带头的地位。例：几十年来广大青年总是站在社会主义建设的最～。

前提　　提前

【前提】qiántí　［名］事物发生或发展的先决因素。例：人权平等是现代法制建设的基本～。

【提前】tíqián　［动］把预定的时间往前移。例：建筑工人采用新型技术,～完成了这幢大楼的装修任务。

欠缺　　缺欠

【欠缺】qiànquē　［动］缺少;不够。例：他从事出版工作多年,但在图书发行方面的经验十分～。

【缺欠】quēqiàn　①［名］缺点。例：我们改正～,把工作做得更好。②［动］缺少。例：因劳动力～,这项任务很难完成。

呛呛

【呛呛】qiāngqiāng　［拟声］形容刀枪舞动的声音。例：大刀片,～响,飞起来,闪寒光。

【呛呛】qiāng·qiang [动]方言。磨嘴。例:他和看门人~了一阵才走进院子。

呛呛　　跄跄

【呛呛】qiāngqiāng [拟声]形容刀枪舞动的声音。例:大刀片,~响,飞起来,闪寒光。

【跄跄】qiāngqiāng [形]走路有节奏的样子。例:这位老人精神抖擞,步履~。

枪手　　抢手

【枪手】qiāngshǒu ①[名]射击手。例:他弹无虚发,真是一名好~。②[名]冒名顶替他人考试的人。例:早在科举考试时就有人请~应试。

【抢手】qiāngshǒu [形]货物等热门、畅销。例:这本书受到读者的热烈追捧,是近来书店里的~货。

枪手　　手枪

【枪手】qiāngshǒu ①[名]射击手。例:他弹无虚发,真是一名好~。②[名]冒名顶替他人考试的人。例:早在科举考试时就有人请~应试。

【手枪】shǒuqiāng [名]单手发射的短枪。用于近距离射击。例:小强举起塑料~,作了个瞄准的姿势。

强度　　强渡

【强度】qiángdù ①[名]作用力以及声、光、电、磁等强弱的程度。**例**：我国位于太平洋西岸,每年的台风次数多、～大。②[名]材料或构件等抵抗外力作用的能力。**例**：这里地处地震带,对建筑物的抗震～要求很高。

【**强渡**】qiángdù [动]强行渡过水面。**例**：当年红军～的乌江渡口,现在已经兴建了大型水电站。

抢工　　抢攻

【**抢工**】qiǎnggōng　[动]加快进程以提前或及时完成工程建设。**例**：你们一定要想方设法采取措施～,保证按时完成任务。

【**抢攻**】qiǎnggōng　[动]抢在对手充分准备前发起攻击。**例**：这种快速主动的打法加上令人吃惊的发球～战术,曾经令欧洲的横拍削球手哀叹途穷日暮。

切记　　切忌

【**切记**】qièjì　[动]牢牢记住;千万记住。**例**：请你～老师的忠告,遇事一定要冷静。

【**切忌**】qièjì　[动]务必避免或防止。**例**：观察问题～带有任何先入之见。

切口

【**切口**】qiēkǒu　[名]指书页裁切一边的空白处。**例**：这本书装帧还算漂亮,就是～处留白太多。

【**切口**】qièkǒu　[名]帮会或某些行业中的暗语。**例**：书中还保存了当时这些人在大庭广众对话时的～,别人是听不懂的。

切切

【切切】qiēqiē ［形］相互敬重切磋勉励的样子。例：一个懂得鼓励别人的人,也能享受到助人的喜悦,在～关怀中感受到人情的温暖。

【切切】qièqiè ①［形］急切的样子。例：谁能理解我渴望回家的～心情呢? ②［副］千万；务必。多用于书信中。例：请一定照办,～不可忘记。③［形］再三告诫之词。多用于布告、条例等末尾。例：以上条例望～遵循。④［拟声］形容轻细的声音。例：小弦～如私语。

切切　　窃窃

【切切】qièqiè ①［形］急切的样子。例：谁能理解我渴望回家的～心情呢? ②［副］千万；务必。多用于书信中。例：请一定照办,～不可忘记。③［形］再三告诫之词。多用于布告、条例等末尾。例：以上条例望～遵循。④［拟声］形容轻细的声音。例：小弦～如私语。

【窃窃】qièqiè ①同"切切④"。②［副］暗地里；偷偷地。例：在我惴惴不安或～自喜的时候,都能得到郭师最及时、最深刻的教诲。

亲征　　亲政

【亲征】qīnzhēng ［动］帝王亲自出征。例：清朝时,康熙～东北,打败俄罗斯人,夺回雅克萨城。

【亲政】qīnzhèng [动]幼年继位的帝王,成年后亲自执政。例:同治十二年正月,两宫皇太后归政,穆宗行~典礼。

青白　　清白

【青白】qīngbái [名]黑与白。比喻是非、曲直。例:他不分~地把她训斥了一通。

【清白】qīngbái [形]纯洁;没有污点。例:老首长一生~,两袖清风。

青青　　清清

【青青】qīngqīng ①[形]浓黑的样子。例:~头上发,还作柳丝长。②[形]年纪很轻的样子。例:他年纪~就学得了一手绝活。

【清清】qīngqīng ①[形]清洁、明澈的样子。例:那~河水,可鉴发缕。②[副]白白地。例:一天的时间~地就给浪费了。③[形]清越的样子。例:远处传来一阵~的竹笛声。④[形]清楚的样子。例:本子上写得~,你自己看。

青丝　　情丝

【青丝】qīngsī [名]指女子的头发。例:翠嫩的桅柳枝如同少妇的~随风飘扬,散发出一股沁人肺腑的清香。

【情丝】qíngsī [名]指缠绵的情意。例:一边是剪不断理还乱的~,一边是救苦难济苍生的重任。

青天　　天青

【**青天**】qīngtiān ①[名]蔚蓝色的天空。**例**：从两个峭壁间仰望～,就像一条线,令人叹为观止。②[名]比喻清官。**例**：包拯是中国历史上最负盛名的清官,敢于直言犯上,为民请命,被老百姓称为～。

【**天青**】tiānqīng [形]深黑而略红的颜色。**例**：这些仿宋古瓷器中,这件～色窑变钧釉属于精品。

轻贱　　轻浅

【**轻贱**】qīngjiàn ①[形]卑微下贱。**例**：这种行为实在太～了。②[动]轻视;瞧不起。**例**：我们可以平凡,但不可以～生命。

【**轻浅**】qīngqiǎn [形]浅淡;不深浓。**例**：她的脸上显露出一抹～的笑容。

轻缓　　轻暖

【**轻缓**】qīnghuǎn [形]轻盈缓慢。**例**：春天迈着～的步子悄悄来临。

【**轻暖**】qīngnuǎn [形]轻软暖和。**例**：母亲给她送来了一床～的羽绒薄被。

倾倒

【**倾倒**】qīngdǎo ①[动]倒塌。**例**：强烈地震造成这一片楼房全部~。②[动]使人倾心、爱慕。例:他渊博的学识和口若悬河的演讲令全场听众为之~。

【倾倒】qīngdào ①[动]全部倒出。例:这辆卡车司机涉嫌把大量垃圾~在河边。②[动]倾吐。例:她正在向心理医生~内心的苦闷。

清场　　情场

【清场】qīngchǎng [动]清理公共场所。例:这家商场正在搞~大减价,所有商品打折出售。

【情场】qíngchǎng [名]指谈情说爱的事。例:他官场得意,但却~失意。

清净　　清静

【清净】qīngjìng [形]清洁纯净。例:这里的山,这里的水,是多么的~啊!

【清静】qīngjìng [形]没有干扰、喧闹。例:孩子们都去上学了,家里很~。

清朗　　晴朗

【清朗】qīnglǎng ①[形]凉爽晴朗。例:今天又是一个~的好天气。②[形]清脆响亮。例:远处传来孩子们~的欢笑声。③[形]清新明快。例:这幅水彩画的笔触非常~。

【晴朗】qínglǎng [形]没有云雾,阳光充足。例:十月的北京秋高气爽,天气~。

清亮

【清亮】qīngliàng ［形］声音清脆响亮。例：一阵~的歌声吸引了我们。

【清亮】qīng·liang ①［形］清澈。例：我家门口有一条~的小溪。②［形］明白。例：在老师的劝导下,我心里~了许多。③［形］方言。清楚;清晰。例：我虽然坐在教室的最后一排,但黑板上的字还是看得很~。

清算　　算清

【清算】qīngsuàn ①［动］彻底地查核、计算。例：这笔借款到期后我会连本带利~给你。②［动］列举全部罪恶或错误并做出相应的处理。例：当年日军奴役虐杀中国战俘的罪行必须彻底~。

【算清】suànqīng ［动］查核、计算清楚。例：这几笔账已经~了。

清整　　清正

【清整】qīngzhěng ①［动］清理整顿。例：环卫工人正在~街道环境。②［形］清秀工整。例：这部书稿字迹~。

【清正】qīngzhèng ［形］廉洁公正。例：他为官~,从不以权谋私。

情调　　调情

【**情调**】qíngdiào　[名]情趣格调。也指某种思想感情的格调或事物所具有的能引起人的各种不同感情的性质。**例**：小红把房间布置得很有～。

【**调情**】tiáoqíng　[动]男女间挑逗、戏谑。**例**：车站上一男一女正在～。

求教　　求救

【**求教**】qiújiào　[动]请求指教。**例**：老师,我有一个问题～。

【**求救**】qiújiù　[动]遇到灾难和危险时请求援手。**例**：情况危急,马上向110～。

祛除　　去除

【**祛除**】qūchú　[动]驱散;消除。**例**：端午节,民间有在身上挂荷包的习俗,据说这样可以～灾难。

【**去除**】qùchú　[动]除掉;除去。**例**：加强防晒是淡化～色斑的第一步。

全体　全休

【**全体**】quántǐ　[名]各部分的总和;每个个体的总和。多指人。**例**：同学们～起立欢迎新班主任的到来。

【**全休**】quánxiū　[动]指职工因病或其他原因在一定时期内不工作。**例**：我上周连续加班,这周～。

劝驾　　劝架

【**劝驾**】 quànjià ［动］劝人任职或做某事。例：他听从我的～而走马上任了。

【**劝架**】 quànjià ［动］劝人停止争吵或打架。例：路上有人在争吵,边上看热闹的人不少,～的人却没有。

Rr

冉冉　苒苒

【冉冉】rǎnrǎn　①[形]慢慢的样子。例：五星红旗～升起。②[形]柔弱下垂的样子。例：柳枝在湖边～飘拂。

【苒苒】rǎnrǎn　①[形]草木茂盛的样子。例：这里绿茵～、树影婆娑,层层落落的美景中,生态环境与绝美建筑相近相融。②[形]时间悄然流逝的样子。例：光阴～,两年时间飞快地过去了。

嚷嚷　瀼瀼　穰穰　攘攘

【嚷嚷】rāng·rang　①[动]吵闹;叫喊。例：两人相距那么近,有必要如此大声～吗? ②[动]声张。例：这事～开去,对谁都不利。

【瀼瀼】rángráng　①[形]露水浓重的样子。例：鹭影不来秋瑟瑟,苇花伴宿露～。②[形]波涛开合的样子。例：他站在甲板上,看着～的波涛。

【穰穰】rángráng　[形]五谷丰饶的样子。例：又是一个丰收年,各家各户五谷～。

【攘攘】rǎngrǎng ［形］纷乱的样子。例：天下熙熙,皆为利来;天下～,皆为利往。

壤土　　土壤

【壤土】rǎngtǔ ①［名］黏土、粉粒、砂粒含量较为均匀的土壤,适于种植各种植物。例：根及根状茎入药的植物更宜在～中栽培。②［名］土地;国土。例：我们生活在一块自由平等的～上。

【土壤】tǔrǎng ［名］地球表面一层疏松的物质,能生长植物,通常称泥土。例：农民们正往～里施肥。

热买　　热卖

【热买】rèmǎi ［动］因商品等受欢迎而被踊跃购买。例：这款手机因其待机时间长而成为～商品。

【热卖】rèmài ［动］商品等因受欢迎而卖得快。例：这家商场的换季服装正在～中。

人家

【人家】rénjiā ①［名］住户。例：这儿方圆十公里内没有～。②［名］家庭。例：这个小山庄里住了十户～。③［名］指女子未来的丈夫家。例：她早已有～了。

【人家】rén·jia ①［代］指说话人或听话人以外的人。例：～能做到的,我们也能做到。②［代］指某个人或某些人。例：你快把～要的书给送去。③［代］指说话者自己。

例：～只是跟你开玩笑的啦!

人流　　入流

【人流】rénliú　［名］连续不断的人群。例：农博会"传统农耕机具展区"～如织,不少参观者在这里了解古旧农机具的功能原理。

【入流】rùliú　［动］指进入某个等级。例：他从来都把自己归属于那种不～的人;总是热不起来,死脑筋,爱钻牛角尖。

人世　　世人

【人世】rénshì　［名］人间;人类社会。例：二十多天的海上漂流,足以使他们感受到远离～的孤单与寂寞。

【世人】shìrén　［名］世界上的人;一般的人。例：中国的万里长城享誉世界,令～叹为观止。

人手　　入手

【人手】rénshǒu　［名］做事的人。例：我们要克服任务重、～少的困难,按时完成上级交给我们的任务。

【入手】rùshǒu　［动］下手;做起。例：班主任要转变传统的思维方式与管理模式,从少干预～,探索学生自主管理的有效方式。

人为　　为人

【人为】rénwéi　①［动］人去做。例：事无贵贱,全在～。

②[形]人造成的。多用于不如意的事情。例：这种混乱局面是～的。

【为人】 wéirén ①[动]做人。例：要真正地让孩子懂得如何～处世并非易事。②[名]指做人处世的态度。例：我非常了解李敏的～。

人性

【人性】 rénxìng [名]在一定的历史条件和社会制度下形成的人的品性。例：侵略者对这个国家进行了灭绝～的轰炸。

【人性】 rén·xing [名]人所具有的正常的感情和理智。例：由于夏洛克的不通～，差点酿成一场悲剧。

人证　　证人

【人证】 rénzhèng [名]法律上指由证人提供的有关案件的证据。例：物证～俱在，不容诡辩。

【证人】 zhèngrén ①[名]法律上指能对案件提供证据的非当事人。例：～应如实地提供证言，如果作伪证或隐匿罪证，要负法律责任。②[名]对某种事实提供证明的人。例：填写个人履历时需填写～。

仁义

【仁义】 rényì [名]仁爱和正义。例：在孟子看来，人必须讲道德，有～，这是天经地义、不用怀疑的。

【仁义】 rén·yi [形]性情温顺善良。例：我们的战士，对敌人这样狠,而对朝鲜人民却是那样地~。

日班　　日斑

【日班】rìbān　[名]白天工作的班次。例:他一直上朝九晚五的~。

【日斑】rìbān　[名]太阳黑子。例:大的~可以用肉眼通过烟熏的玻璃观察到。

溶化　　熔化

【溶化】rónghuà　[动]固体遇水后溶散。例:他把一包固体的化学糨糊倒在桶里,加了一些水,用棍棒搅了几下,便~成一桶糨糊。

【熔化】rónghuà　[动]固体加热到一定程度变成液体。例:铁加热到1530℃以上就会~。

溶剂　　熔剂

【溶剂】róngjì　[名]能溶解别种物质的液体,如水、酒精、汽油、苯等。例:水是许多盐类的良好~。

【熔剂】róngjì　[名]为促进原料、矿石或金属的熔化,在熔炼、焊接或煅接时加进的物质,如石灰石、二氧化硅等。例:碱性~在含酸性脉石的矿石冶炼时使用,常用的有石灰石和白云石。

溶解　　熔解

【溶解】róngjiě　[动]溶质均匀地分散于溶剂中,成为均匀的溶液的过程。**例**：食盐～于水而成为盐水。

【熔解】róngjiě ［动］将固体加热到一定程度使变成液体。**例**：在一定的压强下,固体要加热到一定熔点才能～。

融合　　融洽

【融合】rónghé ［动］几种不同的事物合为一体。**例**：教堂对面的一座摩天大楼的天蓝色玻璃幕墙上映照出古老教堂的端庄的身影,使历史与现实、古典与现代～在一起。

【融洽】róngqià ［形］彼此感情好,没有抵触。**例**：初三(1)班的师生关系很～。

柔合　　糅合

【柔合】róuhé ［动］柔顺弥合。**例**：铁匠修补金属器物的功夫在于煅烧金铁使之～。

【糅合】róuhé ［动］掺和;混合。**例**：这篇小说的作者把历史和传说、事实和幻想～在一起。

肉头

【肉头】ròutóu ①［形］方言。形容人软弱无能。**例**：他名叫多官儿,因懦弱无能,人都叫他～。②［形］方言。傻瓜。**例**：这老头子大处不算小处算,真是个～。③［形］动作缓慢,做事不利索。**例**：你这人干活可真～!

【肉头】ròu·tou ［形］柔软而丰满；软和。**例**：嘿！这孩子的小巴掌真～。

如期　　如其

【如期】rúqī ［副］按照预定时间。**例**：拆卸工作能够～完成吗？

【如其】rúqí ［连］如果。表示假设。**例**：～鼓的声律是音乐的生命,那么鼓的情绪便是生命的音乐。

嚅动　　蠕动

【嚅动】rúdòng ［动］想要说话而嘴唇微动。**例**：他激动地站起身,嘴唇～了两下却没讲出话来。

【蠕动】rúdòng ［动］像蚯蚓爬行一样地动。**例**：蚕宝宝慢慢地～着身躯。

嚅嚅　　濡濡　　蠕蠕

【嚅嚅】rúrú ①［形］低声私语的样子。**例**：两位老人坐在一棵大树旁～地说着什么。②［形］说话吞吞吐吐的样子。**例**：他憋了老半天,才～地说:"我不习惯让人伺候。"

【濡濡】rúrú ［形］湿润的样子。**例**：一场急雨过后,斜阳澄黄地覆盖着～的山野。

【蠕蠕】rúrú ①［形］虫爬行的样子。**例**：翻开泥土,看见一条蚯蚓正～而动。②［形］慢慢移动的样子。**例**：汽车排着长队～而动。

入境　　入镜

【入境】rùjìng　[动]进入国境。**例**:近年来随着政治、社会经济的变化,有些国家采取了限制移民～的政策。

【入镜】rùjìng　[动]把人物、风景等摄入影视镜头。**例**:"笑脸哥"连续11年春晚直播～,成春晚直播大厅最牛观众。

入围　　入闱

【入围】rùwéi　[动]经选拔进入某一范围。**例**:CCTV中国经济年度人物～名单已经公布。

【入闱】rùwéi　[动]科举考试时考生或监考人员等进入考场。**例**:考生于当年七月十四日奉诏～,一个月后放榜。

入主　　入住　　入驻

【入主】rùzhǔ　[动]旧指外族进入中原做统治者。后泛指进入某地并成为主人。**例**:当年戈尔仅因为在佛罗里达州少了几百票而与～白宫失之交臂。

【入住】rùzhù　[动]住进去。**例**:这个小区的住宅已经交付使用,业主陆续～。

【入驻】rùzhù　[动]进入并长期驻留。**例**:人民日报社江苏分社～徐庄软件产业基地签约仪式在狮王山庄隆重举行。

Ss

散工

【散工】sǎngōng　[名]短工;零工。例：他利用暑假时间在外面打～。

【散工】sàngōng　[动]收工;下班。例：每到周末,工地上都提前～。

丧气

【丧气】sàngqì　[动]因不顺心而情绪低落。例：面对人生的痛苦,他没有～,而是用自己的坚毅诠释了生命的重量。

【丧气】sàng·qi　[形]倒霉;不吉利。例：在现实生活中,很多人不够自信,经常会说一些～话。

搔痒　瘙痒

【搔痒】sāoyǎng　[动]用指甲抓挠皮肤发痒的地方。例：这篇文章洋洋千言,却没有抓住要害,有点隔靴～。

【瘙痒】sàoyǎng　[形]皮肤发痒难受。例：高热、潮湿容易引起皮肤～。

扫描　　扫瞄

【扫描】sǎomiáo　[动]利用一定装置使电子设备左右移动而描绘出画面、物体等图形。例：在诊断疾病上,医院广泛应用电子～仪器。

【扫瞄】sǎomiáo　[动]用眼睛一扫而过地看。例：他步入会场后快速～了一下,发现台下已经座无虚席。

纱布　　砂布

【纱布】shābù　[名]经纬纱很稀疏的棉织品。例：奶奶用～制成了一个过滤网。

【砂布】shābù　[名]粘有金刚砂用来磨光木器或金属器物等表面的布。例：书桌的表面经～打磨后非常光滑。

山岚　　山峦

【山岚】shānlán　[名]山中的云雾。例：居北方宜防寒气,而在粤桂等省,早起须防～瘴气。

【山峦】shānluán　[名]连绵不断的群山。例：这一度假胜地面向大海、背靠～。

扇动　　煽动

【扇动】shāndòng　①[动]摇动扇子或其他片状物。例：几只蝴蝶～着美丽的翅膀,在鲜花丛中飞来飞去。②同"煽动"。

【煽动】shāndòng　[动]怂恿、鼓动人做坏事。例：在这股阴风的～下,少数别有用心的人把他当作斗争对象。

讪讪　赸赸

【讪讪】shànshàn　[形]羞惭、难为情的样子。**例**:黛玉也摸不着头脑,只跟着～的笑。

【赸赸】shànshàn　①[形]尴尬、难为情的样子。**例**:贾琏听了这话刺心,便觉～的。②[形]爱理不理的样子。**例**:见主人满脸～的神情,大家都觉得自讨没趣。

商行　行商

【商行】shāngháng　[名]货物交易场所。现多指较大的商店。**例**:父亲在咖啡交易中看出了摩根的商业头脑,于是出资在曼哈顿为其开办了一家～。

【行商】xíngshāng　[名]往来贩卖,没有固定营业地点的商人。**例**:唐朝后期,皇室通过～征购宫廷需用的货物。

商情　墒情

【商情】shāngqíng　[名]市场上的商品价格和供销情况。**例**:国家通过向企业发布～报告、统计资料和市场预测等信息,引导企业的微观经济活动向宏观经济目标靠拢。

【墒情】shāngqíng　[名]土壤湿度是否适于耕种的情况。**例**:长江上游大部分地区和华南大多数地区常出现冬春干旱,应根据～及时灌溉,一般要灌拔节水和孕穗水,旱情严重时要适当增加灌水次数。

上调

【上调】shàngdiào ①[动]由较低部门调到较高部门工作。例：他将从院办～到校办工作。②[动]上级部门依行政权力调拨、调用物资。例：～的物资今天必须全部交运。

【上调】shàngtiáo [动]提高；增加。例：这次粮食提价，属于政策性～。

上房　　上访

【上房】shàngfáng [名]指正房。例：在普通民宅中，通常长辈住在～。

【上访】shàngfǎng [动]群众到上级机关反映问题并要求解决。例：随着新规的实施，很多～事项已不再属国家信访局受理范围。

上色

【上色】shàngsè [形]上等；高级。例：这是～龙井，产量极少。

【上色】shàngshǎi [动]涂上颜色。例：他已经把图的轮廓画好，接下来要～。

上水

【上水】shàngshuǐ ①[名]上游。例：我们的游船正向～航行。②[动]向上游航行。**例**：船下水走得快，～就慢了。
【上水】shàng·shui [名]可食用的牲畜的心、肝、肺。**例**：屠夫提着一大筐～去集市。

上头

【上头】shàngtóu [动]旧时指女子出嫁时将辫子改梳成发髻，并戴上头饰。**例**：一位喜婆正在为新娘～。
【上头】shàng·tou ①[名]位置较高的地方。**例**：小河～有一座美丽的拱桥。②[名]物体的表面。**例**：门～贴着个"福"字。③[名]方面。**例**：他在教材改革～下了很大功夫。④[名]上级。**例**：～将派工作组来调查此事。

梢梢　稍稍

【梢梢】shāoshāo ①[拟声]形容风声。**例**：风～而过树，月苍苍而照台。②[形]劲挺的样子。**例**：山上满是～松树。③[形]尾垂的样子。**例**：～柳枝，随风飘荡。④[形]细微的样子。**例**：她的眼角边已生出～的鱼尾纹。
【稍稍】shāoshāo ①[副]渐次；逐渐。**例**：看热闹的人～聚拢起来，但立刻又散开了。②[副]稍微。**例**：接到他的电话，她心里～安定了一些。

赊买　赊卖

【赊买】shēmǎi [动]买卖货物时，买方延期付款。**例**：我们可以在这家商店～东西。

【赊卖】shēmài　[动]买卖货物时,卖方延期收款。例:这家企业信誉良好,供货商同意～。

申领　　申令

【申领】shēnlǐng　[动]申请领取。例:他正在～营业执照。

【申令】shēnlìng　[动]发布命令。例:秦始皇～全国焚毁先于他的全部书籍。

升腾　　腾升

【升腾】shēngténg　[动]气体、火焰等向上升起。例:在夏季午后,热空气上升强烈,在阳光照射下,宛如山上有缕缕"火烟"～,古人形象地称之为火焰山。

【腾升】téngshēng　[动]物价等急速上涨。例:市场总供给不足、总需求过旺,会造成物价～,影响经济的发展。

生手　　手生

【生手】shēngshǒu　[名]对新做的某项工作还不熟悉的人。例:他是个～,对工作程序都不熟悉。

【手生】shǒushēng　[形]因新做或长久不做某项工作而不熟练。例:他多年不摸机床了,有点～。

生意

【生意】shēngyì　[名]富有生命力的气象。例:春天来了,自然界一片～盎然。

【生意】shēng·yi ①[名]商业经营;买卖或往来。例:他最近成立了一个做建材～的公司。②[名]方言。指职业。例:她父亲给她找了一个比较省轻的～。

诗史　　史诗

【诗史】shīshǐ ①[名]诗歌发展的历史。例:翻开华夏～即可发现,每当历史处于重大转折的关头,都有一批"以诗魂壮国魂"的呕心沥血之作问世。②[名]指反映一个时代的面貌、具有历史意义的诗歌。例:从反映历史的真实面貌来说,杜甫的诗堪称～。

【史诗】shǐshī [名]叙述英雄传说或重大历史事件的叙事长诗。例:最早将西方～介绍到中国的是外国传教士。

石板　　石版

【石板】shíbǎn [名]片状的石头。多用作建筑材料。例:这条路上的～有些松动了,走在上面会发出声响。

【石版】shíbǎn [名]用多孔的石料制成的印刷底版。例:～印刷传入中国的时间,大约在19世纪30年代初。

石礅　　土墩

【石礅】shídūn [名]厚而粗大的整块石头。例:他们在商铺前的每个车位前方都设置了～,致使近80个车位无法使用。

【土墩】tǔdūn　[名]土堆。例：孩子们正在小～上玩。

时令

【时令】shílìng　[名]季节。例：每到农忙～,他们总要请几名帮工。

【时令】shí·ling　[名]方言。时令病。例：每到这个季节,村子里就有人闹～。

实事　　事实

【实事】shíshì　①[名]真实存在的事物或情况。例：讽刺漫画所描绘的不必是曾有的～,但必须是会有的实情。②[名]切实有益的事。例：政府要为老百姓多办～,并且说了就办,这样才能取信于民。

【事实】shìshí　同"实事①"。

实务　　务实

【实务】shíwù　[名]实际事务。例：他比较崇尚俭约,注重～。

【务实】wùshí　①[动]从事实际工作;研究讨论具体问题。例：他如今当真收心～了么?②[形]讲究实际,不求浮华。例：他相当～,群众很拥护他。

实在

【实在】shízài　①[形]真实;不假。例：他在总结报告中列举的数据都是很～的。②[副]的确。例：他～是个好孩子。③[副]其实。例：你说这条河的水很深,～并不深。

【实在】shí·zai [形]工作、干活等扎实、不马虎。例：这位领导说话办事都很～。

实证　　实症

【实证】shízhèng [名]确实的证据。例：充分的～是判断当事人主张案件事实的依据。

【实症】shízhèng [名]中医通常指发病时高烧不退、大便不通、胸腹胀满等症状。例：中医所说的虚症就是五脏六腑气血不足造成的疾病,～是指体内邪气亢盛而产生的疾病。

实证　　证实

【实证】shízhèng [名]确实的证据。例：充分的～是判断当事人主张案件事实的依据。

【证实】zhèngshí [动]证明其确实。例：这一传闻始终没有得到～。

拾取　　拾趣

【拾取】shíqǔ [动]把地上的东西拿起来。例：一群小孩子在海滩边～贝壳。

【拾趣】shíqù [动]把某方面有趣的材料收集起来。多用于文章的标题。例：这本《古人养生观～》介绍了我国古代丰富的养生理论。

世故

【世故】shìgù [形]处世的经验。例:他还年轻,不懂人情~,请您多多关照。

【世故】shì·gu [形]为人处世圆滑。例:社会经验丰富、知识面广,可能让人变得很有智慧,也可能让人变得非常~。

式样　　试样

【式样】shìyàng [名]人造物体的形状。例:服装店里有各种~的服装。

【试样】shìyàng ①[名]工业生产中为检验质量所采取的样品。例:化验人员正在检测水质的~。②[动]裁缝在精做的服装基本定样时,为了检验其是否合身,请定做者试穿。例:你定做的旗袍已经缝合,明天可以~。

事物　　物事

【事物】shìwù [名]指客观存在的一切物体和现象。例:我们要热情支持新~。

【物事】wùshì ①[名]事情。例:这种~让手下人去干好了,你何必亲力亲为呢?②[名]方言。东西;物品。例:这几天他身体不好,一点都不想吃~。

试探

【试探】shìtàn [动]试着对某种问题进行探索。例:你们能否~出这个山洞的深度?

【试探】shì·tan [动]用言语或行动去引起对方的反应,借以了解情况。例:你可以先~一下,看他是否愿意参加这项活动。

收敛　收殓

【收敛】shōuliǎn ①[动]减弱或消失。例:她的笑容突然~了。②[动]减轻放纵的程度。例:他放纵的行为近来有所~。

【收殓】shōuliàn [动]把尸体放进棺材。例:他们把散落的七十二位烈士遗骸~并安葬在黄花岗。

手松　松手

【手松】shǒusōng [形]随便花钱或给人财物。例:很多购房者看房产市场就是看银行对买房贷款的态度,银行~,则说明对市场看好;银行手紧,则说明市场有风险。

【松手】sōngshǒu [动]把手松开。例:他一~,资料都掉在地上了。

手下　下手

【手下】shǒuxià ①[名]部下;下属。例:作为一名领导要善于站在~的角度思考问题。②[名]管辖下;领导下。例:我在他的~干了六年。③[名]指个人某一时候的经济情况。例:这几天他~有点紧。④[名]下手的时候。例:母亲乞求法官对她的儿子~留情。
- 【下手】xiàshǒu ①[动]动手;着手。例:写这篇文章不知从何~。②[名]座次的下方,即右边的位置。例:他借口新来的兄弟无功不受禄,所以带领他们坐在了~。③[名]助手。例:跟她说了半天,她才答应做我的~。

手作　作手

- 【手作】shǒuzuò [名]手工;手艺。例:~除了有"亲手所做"的意思外,也代表了一种生活态度。
- 【作手】zuòshǒu [名]指工艺或诗文书画的能手。泛称制作者。例:这幅壁画的~是谁,有待考证。

受奖　授奖

- 【受奖】shòujiǎng [动]受到奖赏、奖励。例:所谓精神鼓励就是对~者给予荣誉方面的表彰,它包括表扬、记功、记大功、通令嘉奖等形式。
- 【授奖】shòujiǎng [动]授予奖品、奖状。例:上级部门将在这里召开立功~大会,嘉奖有功人员。

受累

- 【受累】shòulěi [动]受到拖累或牵连。例:司马迁因为帮李陵说话~,被汉武帝打入狱中。
- 【受累】shòulèi [动]受到劳累。有时也用作客套话。例:他为了我们大家,可没少~。

受命　授命

【受命】shòumìng　[动]接受任务、命令。例：格兰特将军的～是南北战争的转折点,他对夺取战争的胜利起了关键性作用。

【授命】shòumìng　①[动]献出生命。例：我想古往今来那些忠勇的烈士,在他们临危～的时候,一定是心胸开朗、了无牵挂的。②[动]国家元首等下达命令。例：新当选的总统～组阁。

受权　授权

【受权】shòuquán　[动]接受国家或上级委托做某事的权力。例：新华社～发表声明。

【授权】shòuquán　[动]把权力委托给某人或某机构代为执行。例：我公司～这家律师事务所发表声明。

受用

【受用】shòuyòng　[动]享用;得益。例：老师对我的教诲,我一生～。

【受用】shòu·yong　[形]身心舒适。多用于否定。例：她觉得躺着不～,让儿子把她扶起来坐坐。

书坊　书房

【书坊】shūfāng　[名]旧时印刷并出售书籍的地方。例：清代时~刻书甚为普遍,全国各地皆有刻书记录。

【书房】shūfáng [名]读书写字或工作的地方。例:他的~和卧室相连,是一间朝南的小屋子,阳光充足,空气也很流通。

书证　　证书

【书证】shūzhèng ①[名]词典中有关词语来历、意义、用法等的有书面出处的例证。例:《汉语大词典编写体例》第五条规定一个义项一般引三条~。②[名]法律上指能够用来证明案件真实情况的书信、传单、合同、账本等书面材料。例:一起跨性别就业歧视案因原告指被告~造假而中止审理。

【证书】zhèngshū [名]由机关、学校、团体等发的证明资格或权力等的文件。例:市长向获得荣誉称号的市民颁发荣誉~。

倏然　　潇然

【倏然】shūrán ①[副]忽然。例:~,东北方雷鸣电闪,大雨倾盆。②[副]极快的样子。例:会场上,~响起暴风雨般的掌声。

【潇然】xiāorán [形]无拘无束、自由自在的样子。例:退休后,他在家种种花、养养鸟,~自得地过日子。

梳理　　疏理

【梳理】shūlǐ [动]用梳子整理。例:小李每天要为他家的小狗~毛发。

【疏理】shūlǐ　[动]整理;清理。例:刑警队员再一次~案件,找到了侦破的突破口。

树种　　种树

【树种】shùzhǒng　①[名]树木的种类。例:香樟属国家二级保护的珍贵~。②[名]树木的种子。例:就地采集~,能适应本地的自然条件,种植以后,容易成活。

【种树】zhòngshù　[动]栽树。例:他退休后~5.6万亩,也因此成为许多人心中的参天大树。

刷洗　　涮洗

【刷洗】shuāxǐ　[动]用刷子等蘸水洗;把脏东西放在水里洗干净。例:小李正在~一双运动鞋。

【涮洗】shuànxǐ　[动]摇动着手或物体用水冲洗干净。例:请把这几个杯子~一下。

率真　　率直

【率真】shuàizhēn　[形]直率而真诚。例:娜扎眼神坚毅淡然,举手投足间尽显~自我,文艺气息十足。

【率直】shuàizhí　[形]坦率;直率。例:他~地提出了自己的见解。

双响　　双向

【双响】shuāngxiǎng　[名]一种点燃后响一声、升到空中完全爆裂后又响一声的爆竹。**例**：附近好像有一家铺户开张，在一阵阵鞭炮声中还不时地夹杂着几个～。

【**双向**】shuāngxiàng　［形］双方互相。**例**：证券交易印花税税率最高时曾高达 6‰，经过不断调整之后，原先的～征收已变成了单向征收，并且其税率已经下调至 1‰。

水汆　　油汆

【**水汆**】shuǐcuān　［动］一种烹调方法。把食物放到沸水里稍微煮一下。**例**：请你介绍一下～丸子的做法。

【**油汆**】yóutǔn　［动］一种烹调方法。把食物放到油里炸。**例**：～馒头是上海百年老店沈大成点心店制作的传统小吃。

水粉　　水分

【**水粉**】shuǐfěn　［名］一种化妆用的粉状物。**例**：她换上绣着蝴蝶和牡丹花的旗袍，还对着镜子擦了点胭脂～。

【**水分**】shuǐfèn　①［名］物体内部所含的水。**例**：这里的地下水位很深，土壤渗透性强，～经常不足。②［名］叙述某一情况时夹杂的不切实、虚夸的成分。**例**：这份年终总结～太多，需要核实。

水磨

【**水磨**】shuǐmó　［动］加水精细打磨。**例**：男人在病房外的走廊里来来回回地踱着步，皮鞋敲打～地板的回音像啄木鸟劳作的声响。
- 【水磨】shuǐmò ［名］一种古老的用水力带动的磨面粉工具。**例**：当年这道泉水除了供应居民食用外，还可以灌溉三万亩农田、开动一百盘～。

说道

- 【说道】shuōdào ［动］说。多用来直接引用某人所说的话。**例**：他～："明天我就不来了。"
- 【说道】shuō·dao ①［动］用话表达。**例**：你把你的想法给大伙儿～～。②［动］商量；谈论。**例**：这件事儿咱们还得一块儿～～。③［名］名堂；道理。**例**：才十几天不见，他却像生了场大病一样又瘦又枯，这里面肯定有～。

私房

- 【私房】sīfáng ［名］私人的房屋。**例**：这套～的拆迁安置人为林老伯和他的孙子小林。
- 【私房】sī·fang ①［形］个人积蓄的财物不想让家庭成员知道的。**例**：这些年，他藏了不少～钱。②［形］不想让外人知道的。**例**：女人在一起说～话，讲得最多的就是家庭。

私话　　私活

- 【私话】sīhuà ［名］不让外人知道的话。**例**：这对母女有说不完的～。

【私活】sīhuó [名]工作时间内做的与工作、集体无关的事。例：我来到了这个工厂，只见各车间冷冷清清，半成品车间里只有一个青工在精心地干活，一问才知他是在干~。

斯文

【斯文】sīwén [名]指文化、文人或有修养的人。例：他虽是个武将，却能敬重~，为弘扬佛国灵观，他聘请慈溪名士裘琏重修《南海普陀山志》二十卷，还亲自作序。

【斯文】sī·wen [形]文雅。例：上了高中后，他的一举一动变得很~。

厮打　撕打

【厮打】sīdǎ [动]相打；打架。例：他俩在~中，手和胳膊分别被对方抓破和拉伤。

【撕打】sīdǎ [动]扭扯殴打。例：他一脚踢开门进去，不容分说，抓着鲍二家的就~一顿。

死期　死棋

【死期】sǐqī ①[名]死亡的日期。例：他似乎感觉到自己的~将到，已经在公证处公证了遗嘱。②[形]存户不能随时提取的；定期（与"活期"相对）。例：这笔钱存的是~。

【死棋】sǐqí [名]棋局中救不活的棋子。常比喻必败的局面。例：吴军对面扎下了蜀国连绵的大营，这已经是一局~了。

松散

【松散】sōngsàn [形]事物结构不紧密;精神不集中。例:这支队伍队形显得十分~。

【松散】sōng·san [动]使轻松舒畅。例:任务终于完成了,大家~一下吧。

送检　送殓

【送检】sòngjiǎn [动]送交有关方面检查。例:这家制药厂~的胶囊样品中没有发现铬超标。

【送殓】sònglìàn [动]指陪伴丧家把死者放入棺材。例:他赶回家乡为好友~。

嗖嗖　飕飕

【嗖嗖】sōusōu [拟声]形容很快通过的声音。例:子弹从他的头顶上~地飞过。

【飕飕】sōusōu ①[拟声]形容风声。例:他曾好几次爬到北固山的顶上,去领略那~的风声。②[拟声]形容很快通过的声音。例:湖面上~跳起几尾银光闪闪的大鱼。③[形]阴冷的样子。例:他已经在~的寒风中等了她一个小时。

夙怨　夙愿

【夙怨】sùyuàn [名]旧有的怨恨。例:人们对民警服务辖区居民、耐心调解化解～的行为赞不绝口。
- 【夙愿】sùyuàn ［名］一向怀有的愿望。例：在那动乱的年代他的美好～成为泡影。

簌簌　擞擞

- 【簌簌】sùsù ［拟声］形容轻微的声音。例：羊儿吃起草来～有声。
- 【擞擞】sùsù ①［拟声］形容风吹叶子等的声音。例：他听见山边竹林里～地响,一会儿便游出一条大蛇来。②［形］眼泪等落下的样子。例：他想起已故的祖母,不禁～地流下眼泪。③［形］颤抖的样子。例：他刚从山上跑下来,双腿还在～地颤抖。

随心　遂心

- 【随心】suíxīn ［形］顺心;称心。例：这叫什么过日子人家,家里家外都没有马连福～的时候。
- 【遂心】suìxīn ［形］合乎自己的心意;满意。例：他大概遇上了不～的事,这几天闷闷不乐的。

随意　遂意

- 【随意】suíyì ［形］任凭自己的意思。例：你不要太拘束,可以～一些。
- 【遂意】suìyì ［形］合乎自己的心意;满意。例：他一手撑着头,一手很不～地胡乱摸着骨牌。

孙子　　子孙

【孙子】sūn·zi　[名]儿子的儿子。例：赵爷今年六十九岁,有两个儿子、四个～。

【子孙】zǐsūn　[名]儿子和孙子。泛指后代。例：环境保护是造福～后代的事业。

T t

他们　　她们

【他们】tā·men　[代]称自己和对方以外的若干人。例：～正年青,大有作为。

【她们】tā·men　[代]称自己和对方以外的若干女性。例：～当年的美让人怀念。

坦露　　袒露

【坦露】tǎnlù　[动]坦率地吐露。例：他总是如此坦荡地把自己的胸怀～在广大读者面前。

【袒露】tǎnlù　[动]暴露;无遮盖。例：当她那美妙的形体～于前时,画家为之神迷心醉。

毯子　　毡子

【毯子】tǎn·zi　[名]较厚的棉、毛织品,用来铺盖或悬挂装饰。例：这条～是她自己手工编织的。

【毡子】zhān·zi　[名]用羊毛等轧成的像厚呢子或粗毯子似的东西。例:"毛毛匠"是当地人对利用传统手工艺制作羊毛～行当人的敬称。

炭化　　碳化

【炭化】tànhuà　［动］指古代的植物埋藏在沉积物里,在一定的压力、温度等的作用下逐渐变成煤的过程。也叫煤化。例：这具古棺木早已～。

【碳化】tànhuà　［动］指把固体燃料和空气隔绝,加热使分解,如煤干馏后分解成焦炭、焦油和煤气。例：这是一种经过200℃左右的高温～技术处理的实木地板。

陶陶　　淘淘

【陶陶】táotáo　［形］快乐的样子。例：交通规则齐遵守,大家才能乐～。

【淘淘】táotáo　①［形］水势盛大的样子。例：登高远望,扬子江～雪浪,滚滚烟波。②同"陶陶"。③［动］方言。犹唠叨。例：他已经认错了,你就别再～个没完。

特务

【特务】tèwù　［名］军队中指担任警卫、通信、运输等的特殊任务。例：～连全体将士在那场惨烈的阻击中全部壮烈殉国。

【特务】tè·wu　［名］经过特殊训练,从事刺探情报、颠覆、破坏等活动的人。例：当年戴笠随胡靖安奉蒋介石之命到上海充当坐探,开始了职业～的生涯。

提拔　题跋

【提拔】tíbá　[动]选拔提升。**例**：全员培训要同人事考核、晋升、～和工资调整等相结合,建立和健全一套全面的人事管理制度。

【题跋】tíbá　[名]写在书籍、字画、碑帖等前面的文字叫题,写在书籍、字画、碑帖等后面的文字叫跋,总称"题跋",内容多为品评、鉴赏、考订、记事等。**例**：他藏有一幅倪云林的山水画,上面有张廷济的～。

提词　题词

【提词】tící　[动]戏剧演出时在幕后给演员提示台词。**例**：～,是为演员服务、为演出"保驾护航"的一项应急举措。

【题词】tící　①[动]题写一段话以表示纪念或勉励。**例**：老师在毕业纪念册上～,勉励学生勤奋学习,志存高远。②[名]所题写的留作纪念或勉励的文字。**例**：毛泽东"向雷锋同志学习"的～原载于1964年3月2日出版的《中国青年》杂志,3月5日《人民日报》转载。

提干　题干

【提干】tígàn　①[动]把非干部编制的人提升为干部。**例**：部队今年有几个～名额。②[动]提拔干部的职务、级别等。**例**：他已经错过了三次～机会。

【题干】tígàn　[名]题目的主要意思。**例**：审读～是正确解答高考语文试题的第一要务。

提花　　题花

【**提花**】tíhuā　[动]纺织物上以经线、纬线交错组成的凹凸花纹。**例**：中国古代还发明创造了～织机，它依靠事先设计好的程序使经纬线交错变化而织出预定的图样，这种设计思想颇具程序控制的特点，体现了古代中国人的智慧。

【**题花**】tíhuā　[名]书籍报刊上装饰标题的图画。**例**：～好比专栏的脸面、版面的眼睛，能起到美化专栏、为版面增色的效果。

提名　　题名

【**提名**】tímíng　[动]在决定人选之前提出候选人的姓名。**例**：他发表声明宣布自己不再争取共和党总统候选人～。

【**题名**】tímíng　①[动]古人为纪念科场登录、旅游行程等，在石碑或楹柱上题记姓名。**例**：大雁塔下多～碑记，这是因为古时候凡新登科的人要在大雁塔下集体树立～碑的缘故。②[名]为留纪念所题记的姓名。**例**：苏州虎丘旧时多宋人～，但因历时久远而渐渐湮没。③[名]题目名称。**例**：他打算写一篇游记，～已经想好。

体检　　体验

【**体检**】tǐjiǎn　[动]体格检查。**例**：厂工会通知全体员工，明天上午参加～。

【体验】tǐyàn [动]通过实践来认识周围的事物。例：作家应该经常深入到群众中去~生活。

体形　体型

【体形】tǐxíng [名]人或动物身体及机器等的形状。例：T台上的女模特个个~优美。

【体型】tǐxíng [名]人体和动物体的类型,主要指各部分之间的比例。例：他的身躯是那么魁梧,他的~是那么匀称,他的肌肉是那么丰满,他的动作是那么灵活。

体液　液体

【体液】tǐyè [名]人或动物身体细胞内和组织间的液体。例：艾滋病病毒是可以通过~的接触而传播的。

【液体】yètǐ [名]有一定的体积,没有一定的形状,可以流动的物质。例：在常温下,水、油和酒等都是~。

天姿　天资

【天姿】tiānzī [名]容貌。特指俊美的容貌。例：她像她的母亲,是一个~玉质的美人。

【天资】tiānzī [名]人与生俱来的资质。例：~只是能力和天才发展的基础,不能把它看成能力或天才。

恬静　甜净

【恬静】tiánjìng [形]安静。例：这里环境幽雅~,他躺在椅子上,欣赏着优美的乐曲。

【甜净】tiánjìng [形]花香甜美、纯净。例:屋子里满是水仙花~的香味。

恬美　　甜美

【恬美】tiánměi [形]安静优美。例:我非常喜欢小区内~的环境。

【甜美】tiánměi ①[形]味道甜。例:这种西瓜很~。②[形]舒适愉快;美好。例:她的歌声~动听。

条文　　条纹

【条文】tiáowén [名]法律章程等分条说明的文字。例:最高人民法院发布《关于在裁判文书中如何表述修正前后刑法~的批复》。

【条纹】tiáowén [名]条状的花纹。例:他看见斑马了,好几十匹,浑身是黑白相间的~,俊得很,也机灵得很。

岧岧　　迢迢

【岧岧】tiáotiáo [形]高的样子。例:面对~的东方明珠,他不禁感慨当今人类的智慧。

【迢迢】tiáotiáo [形]路途遥远的样子。例:参加校庆的校友们千里~从各地汇集而来。

调谐　　谐调

【调谐】tiáoxié ①同"谐调"。②[动]调节可变电容器或线圈使收音机与无线电波达到谐振。例：他正在～助听器。

【谐调】xiétiáo ［形］和谐；协调。例：画框平平地躺在地上，那画面的颜色鲜明刺眼，与这灰暗零杂的小屋子很不～。

铁纱　　铁砂

【铁纱】tiěshā ［名］用细铁丝编结成的网状物。多用来做纱窗、纱门。例：中间的门开着，隔着一层～门。

【铁砂】tiěshā ①［名］含铁的矿砂。例：～是高炉炼铁的主要原料。②［名］铁制小颗粒，包括铁砂丸、喷涂铁砂、配重铁砂等。例：这家公司生产的喷涂～，颗粒均匀，粒度精细。

听证　　听政

【听证】tīngzhèng ［动］法院、立法机关或行政机关为公正执法、保障法律法规的合法性和合理性或实施行政决定听取当事人或各方面的意见。例：1993年深圳在全国率先实行的价格审查制度，可以说是价格～制度的雏形。

【听政】tīngzhèng ［动］帝王或摄政人坐朝处理政务、主持国政。例：两宫皇太后垂帘～。

亭亭　　婷婷

【亭亭】tíngtíng ①［形］高而直立的样子。例：出水很高的荷叶在微风的吹拂下轻轻飘荡，像～少女的衣裙。

②[形]人或花木美好的样子。例：荷花~映日,红妆娇艳,别有一番风韵。

【婷婷】tíngtíng 同"亭亭②"。

停板　停版

【停板】tíngbǎn [动]交易所因一天之内的行情暴涨或暴跌至一定限度而停止交易。例：这个股票已经连续三天涨~。

【停版】tíngbǎn [动]书刊等停止出版,不再印行。例：这本书因为版权合同到期已经~。

停火　停伙

【停火】tínghuǒ ①[动]停止烧火。例：如果现在~,就会毁了这一窑瓷器。②[动]交战双方或一方停止应战活动。例：前线传来~的消息。

【停伙】tínghuǒ [动]停止供应伙食。例：学校食堂全力做好后期保障工作,并没有因为疫情防控而~。

同行

【同行】tóngháng ①[名]行业相同。例：他们是~,都在中学任教。②[名]行业相同的人。例：由于不少顶尖造型师汇聚于此,所以我总能在这里遇到些~。

【同行】tóngxíng [动]一起出行。例：下周我们将去贵州旅游,有二十多位朋友~。

同性　　同姓

【同性】tóngxìng　①[形]性别相同的;性质相同的。**例**:她所交往的多数是～朋友。②[名]同性的人;性质相同的事物。**例**:人们往往习惯于～间的接触,而不习惯于异性间的接触。

【同姓】tóngxìng　[动]同一姓氏。**例**:他俩不但～,而且还是一对好朋友。

同一　　一同

【同一】tóngyī　[形]共同的一个或一种。**例**:大家齐心协力,朝着～目标前进。

【一同】yītóng　[副]一起。表示同时同地做某一件事。**例**:星期六,我和小明～去少年宫参加科技活动。

铜板　　铜版

【铜板】tóngbǎn　[名]即铜圆,我国清末民初到抗日战争前通用的铜质圆形辅币。**例**:那辆破烂车只配卖废铁,能值几个～?

【铜版】tóngbǎn　[名]用铜制成的印刷版,主要用来印刷照片、图片等。**例**:以前规模较大的报馆,均设有～部,使图片能与有关之新闻同时刊出。

统一　　一统

【统一】tǒngyī　①[动]由部分联成整体。**例**:大家首先应该～思想。②[形]通盘的;一致的。**例**:秋游的午餐,由学校～安排。

【**一统**】yītǒng　[动]多指全国统一于一个政权。**例**:六国悉并于秦,天下～。

头领　　头颅

【**头领**】tóulǐng　[名]领头的人;为首的人。**例**:部落的～将他带到一间很大的屋子里。

【**头颅**】tóulú　[名]人的头。**例**:乌江亭长好言相劝,但项羽自觉无颜见江东父老,以宝马赠亭长,～送故人,自刎而死。

图板　　图版

【**图板**】túbǎn　[名]制图时垫在图纸下面的木板。**例**:途中遇上大雨,为保护～、资料和仪器,他们就把自己的雨衣拿出来为它们盖上,宁可自己衣衫全部淋湿,坚持在雨水中观测海潮。

【**图版**】túbǎn　[名]用于印制照相图片、插图或表格的一种印刷版,用铜、锌等金属制成。**例**:印刷博物馆收藏了民国时期的许多书籍的～。

图书

【**图书**】túshū　[名]图片和书刊。一般指书籍。**例**:～出版既要讲究社会效益,也要讲究经济效益。

【**图书**】tú·shu　[名]指图章。多用于口语。**例**:他只在借条上盖了个～,没有签名。

途经　途径

【途经】tújīng　[动]中途经过。例：他去广州～上海时会来看望我们。

【途径】tújìng　[名]方法；路子。例：他们已经找到解决问题的～。

土地

【土地】tǔdì　①[名]田地。例：这块闲置多年的～已被市政府纳入规划，将建设成大型绿地。②[名]疆域。例：我国的～非常辽阔。

【土地】tǔ·di　[名]迷信传说中指掌管一个小地方的神。也叫土地爷。例：这几句戏曲台词，把～的生活环境描绘得活灵活现。

团圞　团圆

【团圞】tuánluán　①[形]形容月圆。例：天上挂着一轮～的明月。② 同"团圆①"。

【团圆】tuányuán　①[动]家庭成员等散而复聚。例：月饼象征～，物甜意美，故千百年来历久不衰。②[形]圆形的。例：她长着一张～脸，很可爱。

团员　团圆

【团员】tuányuán　①[名]代表团、参观团、文工团等组织的成员。例:这支合唱团~的平均年龄超过五十五岁。②[名]中国共产主义青年团团员的省称。例:他是他所在单位超龄~中第一批退团的。

【团圆】tuányuán ①[动]家庭成员等散而复聚。例:月饼象征~,物甜意美,故千百年来历久不衰。②[形]圆形的。例:她长着一张~脸,很可爱。

退火　　退伙

【退火】tuìhuǒ ①[动]金属工具因受热而降低原来的硬度。例:磨刀不带水的话,容易~。②[动]加热后逐渐冷却,使金属工件硬度降低,增加可塑性。例:这钢丝太硬,要先~,才能扳弯过来。③[动]使人或动物体内的火气减退。中医认为身体发烧或发炎是火气太盛所致。例:有些养殖户会用小麻油烧一盆家制的豆腐给牛吃,说是给它~。

【退伙】tuìhuǒ ①[动]退出集体伙食。例:他结婚以后自己做饭,就~了。②[动]旧指退出帮会团伙。现指合伙人退出合伙企业,从而丧失合伙人资格。例:法律规定退伙人对其~前已发生的合伙企业的债务,与其他合伙人承担连带责任。

蜕皮　　脱皮

【蜕皮】tuìpí [动]昆虫或蛇等节肢动物和爬行动物生长期间旧的表皮脱落,由新长出的表皮代替。例:本文生动细致、全方位地为我们描述了蚕儿~的全过程。

煺毛　　褪毛

【**煺毛**】tuìmáo　[动]将已宰杀的猪、鸡等用滚水烫后去掉毛。例：鸡已经杀好了,我来～,你去洗菜。

【**褪毛**】tuìmáo　[动]鸟兽等换新毛时脱毛。例：小鸭子已经开始～了。

屯聚　　囤聚

【**屯聚**】túnjù　[动]聚集、集合人马等。例：敌人在山下～了大量兵力,准备反攻。

【**囤聚**】túnjù　[动]储存、聚集货物等。例：最近有大批的进口车入关,赶在新年前到的车子可能要～在保税区的仓库里。

屯粮　　囤粮

【**屯粮**】túnliáng　[动]将粮食聚集并储存起来。例：1938年辽县就成为晋东南地区的抗日模范县,1939年全县完成～任务2.2万石。

【**囤粮**】túnliáng　[动]储存粮食。例：有关收购和～过程中应注意的质量安全问题可查阅中国质量检验协会编写的《农产品质量安全知识问答》一书。

Ww

哇哇　　娃娃

【哇哇】 wāwā　①［拟声］形容哭笑声。**例**：那孩子只是～的哭,并不说话。②［拟声］形容吵嚷声。**例**：听说要交税,有些人就～叫。③［拟声］形容鸟鸣声。**例**：湖底芦苇茂密,其间不时飞出一只野禽,在空中～鸣叫两声。

【娃娃】 wá·wa　①［名］婴儿。**例**：今年吃你们喜糖,明年就该抱～了。②［名］小孩儿。**例**：这些糖果带回去给～吃。③［名］方言。指青少年。**例**：迎面走来的一个十五六岁的～,望了他一眼。

外传

【外传】 wàichuán　①［动］向外传播、散布。**例**：与会人员应遵守会议纪律和保密制度,不得～会议应当保密的内容。②［动］外界传说。**例**："走婚"这个被～得很玄幻的婚恋制度在这个摩梭族男人嘴里说出来远没有那么复杂。

【外传】 wàizhuàn　［名］正史以外的传记。**例**：狄更斯的《匹克威克~》利用了"流浪汉"小说的骨架,虽有许多绝妙的片段,但是这些片段之间并无内在的联系。

外道

【外道】wàidào [名]佛教自称为内道,称其他宗教和学说为外道。例:佛教自古以来,统称异教徒为~,因为佛陀在各经论中,都说佛法在自己心中,不向外求。

【外道】wài·dao [形]见外;客气。例:咱们是一根藤上的瓜,就不要说那些~话了。

外家　　外嫁

【外家】wàijiā ①[名]外祖父、外祖母的家。例:他出生后不久父母就去了边疆,他从小生活在~。②[名]女子出嫁后称娘家为外家。例:她嫁到外地后已经好多年没有回~了。③[名]旧指男子于正妻之外在别处所置之妾。例:他祖父在世之时有一个~,前几年也过世了。

【外嫁】wàijià [动]嫁到外地或外国。例:随着社会的开放,~女的队伍日益壮大。

外路　　外露

【外路】wàilù [形]外地的;外乡的。例:门口站着一位~打扮的年轻人,是不是来应聘的?

【外露】wàilù [动]明显地表现在外。例:他的个性很张扬,情绪也很~。

蜿蜒　婉婉

【蜿蜒】wānwān　[形]屈曲的样子。例：我们的车在～的山路上行驶。

【婉婉】wǎnwǎn　①[形]柔美、美好的样子。例：舞蹈《千手观音》中听障姑娘～的舞姿赢得了观众们的阵阵掌声。②[形]委婉的样子。例：这名服务员态度诚恳,语气～。

宛转　婉转

【宛转】wǎnzhuǎn　①[动]辗转。例：在战火纷飞的年代,为躲避战乱,父母带他前后～于北京、重庆、武汉、南京等地。② 同"婉转"。

【婉转】wǎnzhuǎn　①[形]声音悦耳动听。例：收音机里传来了孩子们～的歌声。②[形]说话温和而委婉。例：他的话虽然很～,可是分量却很重。

微渺　微妙

【微渺】wēimiǎo　[形]轻细；微弱。例：他独自一人在田间小路上行走,月色明亮,～的清风吹拂着他的脸庞。

【微妙】wēimiào　[形]深奥；难以明了。例：他们两个人的关系很～。

温和

【温和】wēnhé　①[形]性格、态度和善,不粗暴。例：奶奶总是那么～,那么慈祥。②[形]气候适宜。**例**:贵阳的气候～,四季如春,被人们称为我国第二个春城。

【温和】wēn·huo [形]物体不冷不热。**例**:高温天气喝～的水对于解暑气更有效果。

文理　　纹理

【文理】wénlǐ ①[名]文章内容和行文方面的条理。**例**:这几名捣蛋学生在黑板上写的那几句打油诗,～倒还很通顺。②[名]文科和理科。**例**:由于我国高等教育长期坚持～分科,使许多学者的知识面狭窄,造成隔行如隔山之势,严重影响了科学事业的发展。

【纹理】wénlǐ [名]物体表面的花纹或线条。**例**:那小小沙子黯然有光,仔细看时,上面隐隐似有～。

文气

【文气】wénqì [名]文章所体现的气势;文章的连贯性。**例**:～在中国写作观中具有举足轻重的地位。

【文气】wén·qi [形]文静;不粗野。**例**:～和乖巧的女孩子多招人喜欢。

文饰　　纹饰

【文饰】wénshì ①[名]文辞上的修饰。**例**:这段文字思想内容较好,就是缺少～。②[动]掩饰自己的过错。**例**:这些～之词都掩盖不了事情的真相。

【纹饰】wénshì [名]器物上的花纹装饰。例：青铜器上的~图案美丽,有些还有特别的含意。

嗡嗡　蓊蓊

【嗡嗡】wēngwēng [拟声]形容昆虫飞动时发出的响声。例：桃花树的四周满是~的小蜜蜂,它们在这朵花上吸一会儿蜜,在那朵花上停一停脚,好不忙碌。

【蓊蓊】wěngwěng ①[形]草木茂盛的样子。例：那棵~的苍翠大树有几百年的树龄了。②[形]密集的样子。例：山路两旁是~翠竹,脚下是石板小径。

无方　无妨

【无方】wúfāng [动]不得法；方法不对。例：这家公司终因经营~而倒闭。

【无妨】wúfáng ①[动]没有妨碍。例：不流利的普通话,丝毫~他与同学的交流。②[副]表示可以这样做,没有什么妨碍。例：你有不同的想法~说出来。

无辜　无故

【无辜】wúgū ①[形]没有罪的。例：那时社会制度黑暗,有罪者得隐其辜,~者反加以罪。②[名]没有罪的人。例：罪责应当自负,不能株连~。

【无故】wúgù [副]没有缘故。例：明天的会议很重要,不得~缺席。

无瑕　　无暇

【无瑕】wúxiá　[动]没有瑕疵。比喻没有缺点或污点。例：这块宝石堪称完美～。

【无暇】wúxiá　[动]没有空闲时间。例：精神焦虑令她睡眠受困扰，要花更多时间照顾自己的身体，因此～顾及女儿。

武工　　武功

【武工】wǔgōng　[名]多指戏曲中的武术表演。例：为了学唱戏、练～，他花了不少时间和精力。

【武功】wǔgōng　①[名]军事方面的功绩。例：蒙恬是中国古代～卓著的名将。②[名]武术功夫。例：听说你的～不坏，他带了几个高手来和你比试比试。③同"武工"。

物象　　物像

【物象】wùxiàng　[名]物候现象。例：如果没有～的提醒，我们也许根本就看不到时间的变化。

【物像】wùxiàng　[名]来自物体的光通过小孔或受到反射、折射后形成的像。例：本文介绍了计算机～识别系统，它能把图形分解成尽量小的部件，有助于了解人脑的工作原理。

悉数

【**悉数**】xīshǔ [动]完全列举或数出。**例**：他拥有不可~的珍宝。

【**悉数**】xīshù [副]全部；全数。**例**：他将父亲当年所欠下的债务连本带利~归还。

嘻嘻　嬉嬉

【**嘻嘻**】xīxī ①[形]欢笑、喜悦的样子。**例**：他是我们班里的"开心果"，整天~哈哈，难得见他一本正经的时候。②[拟声]形容笑声。**例**：小琼受到了感染也~地笑出声来。

【**嬉嬉**】xīxī [动]嬉笑；玩耍。**例**：一群孩子正在草地上~。

媳妇

【**媳妇**】xífù [名]儿子的妻子。**例**：多年~熬成婆。

【**媳妇**】xí·fu [名]妻子。**例**：小刘娶了个贤惠的~。

细纱　　细砂

【细纱】xìshā　［名］用于织布或纺线的由粗纱再纺而成的较细的纱。例：～是纺纱生产的最后产品,其质量的好坏直接影响后续加工和织物的质量。

【细砂】xìshā　［名］由直径0.1—0.25毫米之间的颗粒组成的砂。例：这家公司主营～提取设备。

侠义　　狭义

【侠义】xiáyì　［形］见义勇为,舍己助人。例：想到彼此间两年来的友谊以及最近一段时期的相依飘零,他不禁涌起一种～的心情,决定尽全力相助。

【狭义】xiáyì　［名］范围比较狭窄的意义或定义。例：这里所说的"新的文学"是广义的,与～的单指新式白话的"新文学"有范围上的不同。

下水

【下水】xiàshuǐ　①［动］进入水中。例：他已经换好泳装,准备～。②［动］向下游航行。例：船～走得快,上水就慢了。

【下水】xià·shui　［名］可食用的牲畜的内脏,专指肚子和肠子。例：这些猪～已经腐烂。

下乡　　乡下

【下乡】xiàxiāng　［动］到农村去。例：～学农时,同学们争着干粗活、脏活。

【乡下】xiāng·xia ［名］乡里；农村。例：她出生在～,高中毕业后到城里工作。

先例　　先烈

【先例】xiānlì ［名］已有的事。例：他的这种经历并不是没有～的。

【先烈】xiānliè ［名］对烈士的尊称。例：革命～崇高的献身精神值得后人学习。

闲静　　娴静

【闲静】xiánjìng ［形］宁静；寂静。例：他常想在纷扰的环境中寻出一丝～的气息来。

【娴静】xiánjìng ①［形］文雅；安详。例：她那～的眼神里,显露出坚定和刚强的神色来。②［形］幽静。例：月光下,昆明湖显得格外～。

相像　　想象

【相像】xiāngxiàng ［形］彼此有共同或相似的地方。例：她俩的性格很～。

【想象】xiǎngxiàng ［动］对未见过或不在眼前的事物想出它的具体形象；设想。例：他以坚强的毅力,克服了难以～的困难,终于完成了这项艰巨的任务。

消减　　削减

【消减】xiāojiǎn　［动］减退；减少。例：患病后他参加体育活动的兴趣大大～。

【削减】xuējiǎn　［动］从已经确定的数目中减去。例：厂长会议决定～下一季度的行政开支。

消夜　　夜宵

【消夜】xiāoyè　①［动］吃夜宵。例：她一路上都闷闷不乐，特别是在～的时候，竟独自坐在一边。②同"夜宵"。

【夜宵】yèxiāo　［名］夜里吃的酒食、点心等。例：生活在我国南方大中城市里的人，有夜生活习俗并养成了经常吃～的饮食习惯。

萧萧　　潇潇

【萧萧】xiāoxiāo　①［拟声］形容马叫声、风雨声、流水声、草木摇落声、乐器声等。例：无边落木～下，不尽长江滚滚来。②［形］须发或皮毛花白稀疏的样子。例：几年不见，他竟然已是白发～。

【潇潇】xiāoxiāo　①［形］风雨急骤的样子。例：他出生于一个风雨～的夜晚。②［形］小雨下个不停的样子。例：～秋雨下个不停。

小子

【小子】xiǎozǐ　①［名］称男性年轻晚辈。例："只要你肯来，我就肯教。"这句话表明了孔子对后生～的一种态度。②[名]旧时长者称晚辈或晚辈对长者的自称。例：～不才,谙世不深,以后还得靠您老人家多多指点。

【小子】xiǎo·zi ①[名]男孩子。例：早先,穷人家的～出生时,爹妈怕养不大,会给取个女孩名。②[名]对男性表示轻蔑的称呼。例：这～的名声太臭了。

邪行

【邪行】xiéxíng [名]不正当的行为。例：他是一位英明的君主,治理国家几十年,身无～,品德高尚,提倡道德与礼仪,同情穷苦的老百姓,所以威望非常高。

【邪行】xié·xing [形]异乎寻常的;特别的。例：北方腊月的天儿冷得～。

心机　心肌

【心机】xīnjī [名]心思;计谋。例：他这样做真是枉费～,自寻烦恼。

【心肌】xīnjī [名]由心肌细胞构成的一种肌肉组织。例：～的收缩性与自律性、兴奋性、传导性共同决定着心脏的活动。

心里　心理

【心里】xīnlǐ ①[名]胸口内部。例：她一想起这件事,～就发痛。②[名]思想里;头脑里。例：小明把～话告诉了老师。

【心理】xīnlǐ　[名]思想、感情等内心活动的总称。例：做了多年的班主任,他已经摸透了学生们的～。

信史　　信使

【信史】xìnshǐ　[名]纪事真实可信、无所讳饰的史籍。例：古人称《春秋》为～。

【信使】xìnshǐ　[名]奉派担任使命或传达消息、递送书信的人。例：经过驯养的鸽子,具有远飞传信的特殊技能,可以成为人类的忠实～。

星星

【星星】xīngxīng　[名]细且小的点儿。例：～之火,可以燎原。

【星星】xīng·xing　[名]夜晚天空中闪烁发光的天体。例：天上的～亮晶晶。

猩猩　　惺惺

【猩猩】xīng·xing　[名]哺乳动物。体高可达 1.4 米,臂长,头尖,吻突,鼻平,口大,全身有赤褐色长毛。栖于树,主食果实。能在前肢帮助下直立行走。古亦指猿猴之类。例：科学家们普遍认为～的智商仅次于人类。

【惺惺】xīngxīng　①[形]清醒的样子。例：历代禅师都认为参禅要保持～寂寂的特质,甚至在睡梦中也要如猫捕鼠、如鸡抱卵,无令间断。②[形]聪明、机灵的样子。例：一个人只要保持～聪明,那么顺逆成败都不会影响自己的心境。③[名]指聪明的人。**例**:他俩～相惜,心凑到一块,便成为无话不谈的朋友。④[形]假心假意的样子。**例**:她假～地掉了几滴眼泪。

刑法

【**刑法**】xíngfǎ　[名]规定哪些是犯罪行为和应该受到何种惩罚的法律。**例**:两名男子因用弹弓打死国家二级重点保护野生动物,触犯～获刑两年。

【**刑法**】xíng·fa　[名]对犯人的体罚。**例**:为防止罪犯在铁证面前拒不招认而逃避惩罚,中国古代的法律允许对罪犯动～,如鞭笞、打板子、拶指等。

行经　　行径

【**行经**】xíngjīng　[动]行走时经过。**例**:火车～上海时,已经半夜了。

【**行径**】xíngjìng　[名]行为;举动。**例**:全世界人民愤怒声讨超级大国的霸权～。

行使　　行驶

【**行使**】xíngshǐ　[动]执行;履行。**例**:公民应依法～权利,自觉履行义务。

【**行驶**】xíngshǐ　[动]开动车船等前行。**例**:大客车在高速公路上～。

兄弟

【兄弟】xiōngdì　[名]哥哥和弟弟。例：他们～俩在同一单位工作。

【兄弟】xiōng·di　①[名]弟弟。例：～的想法非常幼稚，常常惹得家里人发笑。②[名]称呼年纪比自己小的男子，多含亲切的口气。例：～,你的情大哥领了。

休书　　修书

【休书】xiūshū　[名]旧时休妻所立的文书。例：从一纸～上可以看出中国古代歧视女性的男尊女卑的封建社会制度。

【修书】xiūshū　①[动]写信。例：那时尽管通信很不发达，但他每到一地必～一封，向妻子述说思念之情。②[动]编纂书籍。例：汉代的～活动极为繁荣，不仅拯救了先秦文化典籍，并且产生了《史记》和《汉书》两部历史巨著和以《说文解字》为代表的我国第一批辞书。

休学　　修学

【休学】xiūxué　[动]学生因故不能继续学习,经学校同意,暂停学习,但仍保留学籍。例：他上小学时因健康原因～一年。

【修学】xiūxué　[动]治学；研习学业。例：吕思勉在谈读书～的方法时,特别强调要端正态度和目的。

休养　　修养

【休养】xiūyǎng　[动]休息调养。例：退管会组织离退休干部去杭州～。

【修养】xiūyǎng　①[名]理论、知识、技术、品德等方面所达到的水平。例：他有很高的艺术～。②[名]指养成的待人处世的态度。例：小李待人处世很有～。

休业　　修业

【休业】xiūyè　①[动]停止营业。例：这家商店因经营不善而～。②[动]结束一个阶段的学习。例：校长在～仪式上作学期总结并对下学期的工作提出进一步的要求。

【修业】xiūyè　[动]学习知识；钻研学问。例：学历教育的～年限由学校决定。

休整　　修整

【休整】xiūzhěng　[动]休息整顿。例：连续参加了多场比赛，队员们身感疲劳，急需～一下。

【修整】xiūzhěng　[动]整修；整治。例：这里十年前还是荒野，如今竟～得如此美丽。

修整　　修正

【修整】xiūzhěng　[动]整修；整治。例：这里十年前还是荒野，如今竟～得美好异常。

【修正】xiūzhèng [动]修改使正确。例：这些条例发布时较仓促，难免有不全面的地方，所以上级领导决定作出~。

修整　　整修

【修整】xiūzhěng [动]整修；整治。例：这里十年前还是荒野，如今竟~得美好异常。

【整修】zhěngxiū [动]重新整顿修理老旧物品。例：~后的大楼面貌焕然一新。

畜养　　蓄养

【畜养】xùyǎng [动]饲养。例：这个农场~了许多梅花鹿。

【蓄养】xùyǎng [动]积蓄培养。例：运动员们既加强技能训练又注重~实力。

选才　　选材

【选才】xuǎncái [动]选拔人才。例：企业领导者如何~用人，关系到企业的生存发展和兴衰成败。

【选材】xuǎncái ①同"选才"。②[动]选择适用的材料或素材。例：很多小学生在写作文的时候，经常会感到没有内容可写，面对作文题目不知道如何~。

学力　　学历

【学力】xuélì [名]学问上的造诣；学问达到的程度。例：我们公司也招收有同等~的人员。

【学历】xuélì ［名］求学的经历。指曾在哪些学校肄业或毕业。例：她的最高～是大学本科。

徇情　殉情

【徇情】xùnqíng ［动］为了私情而做不合法的事。例：剑三爱才，但决不～。

【殉情】xùnqíng ［动］指因恋爱受阻而自杀。例：小说叙述了一对被封建礼教拆散的恋人～而死的故事。

烟火

【烟火】yānhuǒ ①[名]火和烟。例:建筑工地,严禁~。②[名]熟食。例:林徽因的美或有脱俗的不食~的气息,而陆小曼的俏则带有几分魅惑。③[名]祭祖时点的香火。借指后嗣。例:当年若不是母亲哭着拖着哀求父亲不要断了自家的~,他真会被父亲打死。④[名]指烽火。例:自宣帝以来,数世不见~,人民炽盛,牛羊布野。

【烟火】yān·huo [名]烟花。例:那些年,~像彩虹一样,点缀了这年长一代的生活,给他们带来了很多快乐。

淹埋　掩埋

【淹埋】yānmái [动]被淤泥、沙土等盖过、埋住。例:一场沙尘暴过后,铁路被~了。

【掩埋】yǎnmái [动]用泥土等盖在上面。例:他在阵地上~战友的时候掉下了眼泪。

严峻　　严凌

【严峻】yánjùn　[形]严厉,没有宽缓余地。例:这次军事训练,对我们每个同学来说,都是一次~的考验。

【严凌】yánlíng　[形]严峻而有威势。例:他说话的态度是那么的~逼人。

严整　　严正

【严整】yánzhěng　[形]严肃整齐。例:这支队伍的纪律非常~。

【严正】yánzhèng　[形]严肃正当;严肃公正。例:我国政府重申了反对霸权主义的~立场。

言语

【言语】yányǔ　[名]说出来的话。例:符号学家和图像理论家都将图像设想成沉默的~。

【言语】yán·yu　[动]说。例:需要我帮忙的话,请~一声。

言语　　语言

【言语】yányǔ　[名]说出来的话。例:符号学家和图像理论家都将图像设想成沉默的~。

【语言】yǔyán　①[名]人类所特有的用来表达意思、交流思想的工具,是一种特殊的社会现象,由语音、词汇和语法构成一定的系统。例:李敏同学的~表达能力很强。②[名]言语。**例**：我与他志趣不同,缺乏共同的～。

颜色

【**颜色**】yánsè ①［名］色彩;光的各种现象。**例**：这块料子的～很鲜艳。②［名］面容;容貌。**例**：她近来食欲不振,～也不太好。③［名］脸上的表情。**例**：他掩饰不住羞愧的～,低着头匆匆地走了。④［名］显示给人看的厉害的脸色或行动。**例**：不识好歹的话,给他点～看看。

【**颜色**】yán·shai ［名］指颜料或染料。**例**：国画～十分丰富,从矿粉到植物提取到动物提取,有各种类型。

佯装　洋装

【**佯装**】yángzhuāng ［动］假装。**例**：民警发现一名男子～散步打电话,却对路边停放的几辆无人看管的助动车很感兴趣。

【**洋装**】yángzhuāng ［名］西服。**例**：～虽然穿在身,我心依然是中国心。

养气　氧气

【**养气**】yǎngqì ①［动］培养品德;涵养意志。**例**：听到了这样的胡说,我自认～功夫不够,不免有一点儿疾言厉色了。②［动］保养元气;涵养本有的正气。**例**：如果将人比作一棵树,气就是树根,～就是养根,气养好、养足了,身体才会硬朗、结实,才能百病不侵。

【**氧气**】yǎngqì ［名］氧元素最常见的单质形态,在标准状况下是无色无味无臭的气体。**例**:～是空气的组成部分,占空气体积的20.9%。

养生　养性

【**养生**】yǎngshēng ［动］保养身体。**例**:这位老人很懂得～之道。

【**养性**】yǎngxìng ［动］修养心性。**例**:常练书法,可以修身～。

摇摇　遥遥

【**摇摇**】yáoyáo ［形］心神不定的样子。**例**:心神～如蓬转。

【**遥遥**】yáoyáo ①［形］距离远。**例**:记得以前从教室的走廊上,～的能看见从林隙中穿过的火车。②［形］时间长。**例**:拖延是梦想的粉碎机,会让你的成功变得～无期。

药方　药房

【**药方**】yàofāng ①［名］为治疗某种疾病而组合起来的若干种药物的名称、剂量和用法。**例**:医生诊断后正在给病人开～。②［名］写着药物的名称、剂量和用法的纸。**例**:你可以凭这张～去中药房配药。

【**药房**】yàofáng ①［名］出售药物的商店。**例**:这个大卖

业主　　主业

【业主】yèzhǔ　[名]拥有产业或企业所有权的人。例：这封感谢信主要感谢～对物业工作的支持。

【主业】zhǔyè　[名]主要产业。例：澳大利亚是以农牧业为～的国家。

叶枝　　枝叶

【叶枝】yèzhī　[名]果树或棉花植株上只长叶而不结果实或棉桃的枝。例：果农们正抓紧做好～的清理工作。

【枝叶】zhīyè　①[名]枝条和树叶。例：那棵大树～茂盛。②[名]比喻琐碎的言语或情节。例：相信你一定不会让这些～阻碍自己前进的步伐。

夜莺　　夜鹰

【夜莺】yèyīng　[名]文学作品里指歌鸲一类叫声婉转动听的鸟。例：～因其在夜间鸣唱而得名。

【夜鹰】yèyīng　[名]鸟类。头部扁平，嘴亦扁平并呈三角形，鼻呈管状，眼大，翅膀尖端长。常在夜间活动，不停地在空中捕食蚊、虻、蛾等昆虫。种类很多，为益鸟。例：～的羽色和树皮非常相似，在树林中难以被人发现。

一班　一斑

【一班】yībān　[数量]用于人群。常含贬义。例：潘三见一伙人在那里围着一张桌子赌钱,便骂道:你们这~狗才,无事便在我这里胡闹!

【一斑】yībān　[名]豹身上的一块斑纹。比喻事物的一小部分。例：端木的坚强性格,从他冷对"十年浩劫"中自己所受的折磨,也可以见到~。

一杯　一抔

【一杯】yībēi　①[数量]指一杯的容量。例：今之为仁者,犹以~水救一车薪之火也。②[名]特指一杯酒。例：今晚咱俩一定要好好地喝上~。

【一抔】yīpóu　[数量]一捧。例：~黄土埋忠骨。

一发

【一发】yīfā　[副]越发;更加。例：自从搬到远离市中心的地方,他感觉业余生活~无味枯燥。

【一发】yīfà　[形]极其危险。例：在危机显露的~之际,他挺身而出,勇担责任。

一幅　一副

【一幅】yīfú　[数量]用于布帛、纸张、图画等。例：他画了~漫画,讽刺一些同志说得多、做得少。

一行

【一行】yīháng ①［数量］用于成行列者。例：这～字写得歪歪扭扭。②［名］一种行当。例：师傅告诫他要干～爱～。

【一行】yīxíng ［名］一群。多指同行的人。例：访问团～将于今日下午到达本市。

一晃

【一晃】yīhuǎng ［动］很快地一闪。例：我抬头一望,见前面岩石上有个黑影,～便不见了。

【一晃】yīhuàng ［动］指时间过去得相当快。例：年节越来越近了,～已是腊八。

一火　　一伙

【一火】yīhuǒ ①［名］一点灯光或火光。例：天昏～明山半,石底犹疑有雷电。②［名］一把火。例：这些短信,仿佛冬天里的～,照亮并温暖了一个独行者孤苦寂寥的旅途。

【一伙】yīhuǒ ①［名］一群;由若干人组成的群体。例：操场上,学生们三个一群、五个～地在踢球。②［名］同伙;伙伴。例：很明显,他们三个人本来就是～的,而共同的敌人就是你。

【一副】yīfù ①［数量］用于成对或成套的器物。例：她给我织了～手套。②［数量］用于容貌、面部表情、姿势等。例：他的脸上呈现出～满不在乎的神情。

一经　　一径

【一经】yījīng　[副]表示只要经过某种行为或某个步骤,就可以产生相应的结果。**例**:对公务员录用考试作弊将实行零容忍,违纪违规行为～发现,将严格按照《公务员录用考试违纪违规行为处理办法》进行处理。

【一径】yījìng　①[副]径直。**例**:这班客机从广州～飞往海口。②[副]一直;连续不断。**例**:他大学毕业后～在中学任教。

一棵　　一颗

【一棵】yīkē　[数量]多用于植物。**例**:院子里种着～枣树。

【一颗】yīkē　[数量]多用于呈小球状或颗粒状的东西。**例**:小男孩手中捏着～子弹壳。

一例　　一列

【一例】yīlì　①[副]一律;等同。**例**:隋代开国君主杨坚是中国历史上有重要影响的人物,史家多有将其与秦始皇～看待者。②[名]一个例证。**例**:他以制造业为～,研究我国上市公司融资结构与公司治理。

【一列】yīliè　[数量]用于成行列者,横为行,竖为列。**例**:站台上停着～火车。

一篓　　一缕

【一篓】yīlǒu　[数量]用于竹子、荆条、苇篾等编成的器具。

例:他给我送来～又大又甜的杨梅。

【一缕】yīlǚ [数量]用于细的东西。例:她手上拿着～刚剪下来的头发。

一爿　一片

【一爿】yīpán [数量]用于商店、工厂、田地等。例:小区门口开了～水果店。

【一片】yīpiàn [数量]用于成片状的东西。例:书里夹着～由树叶做成的书签。

一盘　一盆

【一盘】yīpán ①[数量]用于形状或功用像盘子一样的东西。例:好诱人的～菜呀! ②[数量]用于回旋地绕的东西。例:路边摆放着～施工用的电线。③[数量]用于棋类、球类等比赛。例:～没有下完的棋。

【一盆】yīpén [数量]用于盛东西或洗东西用的器具。例:洗衣房里有～堆得满满的脏衣服。

一蓬　一篷

【一蓬】yīpéng [数量]用于枝叶繁茂的花草。例:窗外的院子里长着～兰草。

【一篷】yīpéng [名]一艘帆船。也指一艘船。例:～何处客,吟凭钓鱼舟。

一瓢　一瓤

【一瓢】yīpiáo　[数量]用于用葫芦、竹木等做成,用来舀水、米等东西的器具。例:在这个风雨交加的夜晚,我好想携~酒去慰问他。

【一瓤】yīráng　[数量]用于瓜果的肉。例:她慢慢地掰下~橙红鲜嫩的橘瓣,轻轻地放入口中。

一垧　一晌

【一垧】yīshǎng　[数量]用于计算土地面积。各地不同,东北地区一垧一般合15亩,西北地区一垧合3亩或5亩。例:这种肥料根本没有什么效果,但售价却很高,~地需要花费2 200元。

【一晌】yīshǎng　[数量]用于时间。例:他们三人静对着沉默了好~。

一支　一枝

【一支】yīzhī　①[数量]用于队伍。例:我们要建设~善于治国理政的高素质干部队伍。②[数量]用于歌曲或乐曲。例:《昨日重现》是20世纪被改编、演奏、播放最多的~乐曲。③[数量]用于细长的东西。例:老师像~蜡烛,照亮别人燃烧了自己。

【一枝】yīzhī　[数量]用于带枝的花朵。例:春色满园关不住,~红杏出墙来。

一柱　一炷

【一柱】yīzhù　①[名]一根柱子。也用于像柱子的东西。例：傍晚时分天空中有一白色云柱直指蓝天,好似擎天~。②[名]指旧式账簿或清册里的一个项目。例：店主交出账本,内中每~都列得清清楚楚。

【一炷】yīzhù　[数量]用于点着的香。例：这位信徒恭恭敬敬地给观音菩萨奉上~香。

依靠　倚靠

【依靠】yīkào　①[动]指望别的人或事物来达到一定的目的。例：这项任务要~大家一起来完成。②[名]可以依靠的人或东西。例：离开了集体,他便失去了~。

【倚靠】yǐkào　①[动]依靠。例：这小子~着他父亲的权势,大搞违法乱纪的勾当。②[动]身体靠在物体上。例：妈妈忙了一天太累了,刚吃完晚饭就~在沙发上睡着了。

怡人　贻人

【怡人】yírén　[形]使人舒适、愉快的。例：公园里空气新鲜,景色~。

【贻人】yírén　[动]把借口或把柄遗留给人。例：作为广告领域的一大类别,地产广告常常以其"直接、粗暴"的外表~口实。

以至　以致

【以至】yǐzhì　①[连]表示时间、数量、程度、范围等的延伸和发展。例:从沿海城市~广大农村,到处是一片欣欣向荣的动人景象。②[连]用于下半句开头,表示上述情况所达到的深度或结果。例:他专心致志地工作,~有人招呼他也没有听到。

【以致】yǐzhì [名]用在下半句的开头,表示下文是上述情况造成的结果。多指不好的事情。例:他们由于不注意安全操作~出了严重的事故。

异形　　异型

【异形】yìxíng [形]不同形状的。例:"异形"和"异型"是一组同音~词。

【异型】yìxíng [形]某些材料剖面形状不同于常见的方形、圆形等形状的。例:这家商场专门经营~钢材。

异性　　异姓

【异性】yìxìng ①[形]性别不同的;性质不同的。例:~电荷互相吸引。②[名]性别不同的人;性质不同的事物。例:她脾气古怪,拒绝与任何~交往。

【异姓】yìxìng [形]不同姓的。例:他俩是一对~兄妹。

异义　　异议

【异义】yìyì [名]不同的含义、意思、观点等。例:我们把古义和今义不相同的词叫古今~词。

【异议】yìyì [名]不同的意见。例:觉新看见大家都这样主张,也就没有~。

浥浥　悒悒

【浥浥】yìyì　①[形]湿润的样子。例：他非常激动,眼眶也有点~。②[形]香气浓郁的样子。例：苹果园中弥漫着~芳香。

【悒悒】yìyì　[形]忧郁、愁闷的样子。例：余永泽望着道静~的眼睛,望着秋风中她那微微拂动着的浓密的短发,情不自禁地感到一阵心跳。

意见　臆见

【意见】yìjiàn　①[名]对事物的看法或主张。例：有~的话咱们可以单独交换。②[名]认为人或事不对而产生的不满意的想法。例：我对这项规定有~。

【臆见】yìjiàn　[名]主观的看法。例：鄙人学寡智劣,未能博览诸书,不敢以~妄谈。

意想　臆想

【意想】yìxiǎng　[动]料想;猜想。例：抽烟、酗酒、缺乏体育锻炼和肥胖会增加人们患上心脏病的可能性,但也有其他一些~不到的致病因素。

【臆想】yìxiǎng　[动]主观地想象。例：达·芬奇拒绝从宗教出发的一切独断的~,而只从科学的实证和理性的思考中去追求真实的知识。

因缘　　姻缘

【因缘】yīnyuán　①[名]佛教指使事物生起、变化和坏灭的主要条件为因,辅助条件为缘。例:佛法讲～,认为世间任何事物都由它和合而成。②[名]机会;缘分。例:我很仰慕先生,遗憾的是没有～相见。

【姻缘】yīnyuán　[名]婚姻的缘分。例:这段～非常美满。

殷殷

【殷殷】yīnyīn　①[形]忧伤的样子。例:他发现妹妹听了自己的批评,脸上流露出～的神情。②[形]殷切、急迫的样子。例:望客松站在悬崖之上,～地盼望着客人的到来。

【殷殷】yǐnyǐn　[拟声]形容雷声。例:一阵～的雷声过后,就下起了瓢泼大雨。

引种

【引种】yǐnzhǒng　[动]把别处的动植物优良品种引入本地区繁殖推广。例:如果在疫区～,一定要遵守检疫制度,防止检疫对象的病害、虫害和杂草在本地蔓延。

【引种】yǐnzhòng　[动]把外地的优良作物品种引入本地种植。例:这里的气候不适合这种果树的生长,几次～都以失败告终。

隐避　　隐僻

【隐避】yǐnbì　[动]隐藏;躲避。例:犯罪分子早已为自己找了一个退逃～之所。

【隐僻】yǐnpì ①[形]偏僻。例：铁路终于铺到了～的山区。②[形]隐晦而罕见的。例：这篇时论用典太～,普通读者难以理解。

隐忿　隐忌　隐忍

【隐忿】yǐnfèn [名]心中的忿恨。例：我在她的眼神里看到一丝～。

【隐忌】yǐnjì [动]隐瞒;隐讳。例：事故发生后,他企图～事情的真相。

【隐忍】yǐnrěn [动]克制忍耐。例：虽然对方态度非常恶劣,但碍于情面,他也只好～。

营生

【营生】yíngshēng [动]谋生。例：这些矿工长期在矿区～。

【营生】yíng·sheng [名]职业;工作。例：他以前只是个农民,拣粪编筐是他正经的～。

喁喁

【喁喁】yóngyóng [形]众人仰望期待的样子。例：公务体系如果只会拘泥依法行政,自然难以回应～之民意。

【喁喁】yúyú ①[动]随声附和。例：和刘先生持相同观点的人,也在一旁～。②[拟声]形容小声说话的声音。例：他俩时而~私语,时而开怀大笑。

用工　　用功

【用工】yònggōng　[动]招收工人;使用工人。例:部分劳动密集型企业常年缺工,节后~形势更为严峻。

【用功】yònggōng　①[动]努力学习。例:他正在课堂里~。②[形]用的工夫多。例:他钻研技术很~。

用人

【用人】yòngrén　①[动]选用人才。例:今岳飞之才,不弱于韩信;况国家~之际,岂可失此栋梁?②[动]需要人手。例:工程刚开工,正是~的时候。

【用人】yòng·ren　[名]仆人。例:他在这屋里算是一个跑腿的~。

尤其　　尤甚

【尤其】yóuqí　[副]更加,表示更进一步。例:在美术作业中,我~喜欢素描。

【尤甚】yóushèn　[形]尤其严重。例:股市开盘后权重板块快速杀跌,特别是近期的龙头品种杀跌~。

邮品　　油品

【邮品】yóupǐn　[名]集邮爱好者所搜集的邮票、明信片、首日封、邮折等。例:苏沪浙将联合举办新春~拍卖周。

【油品】yóupǐn　[名]石油经过炼制等加工工艺生产出的汽油、煤油、柴油和润滑油等。**例**：由于～有一定的危险性，在储存和使用中，要严格遵守安全管理制度和有关操作规程，以杜绝事故的发生。

邮箱　　油箱

【邮箱】yóuxiāng　①[名]邮局设在街道旁供人投寄信件的信箱。**例**：有些国家邮政设置了不同颜色的～，用于区别不同类别的邮件。②[名]通过网络电子邮局为网络客户提供的网络交流的电子信息空间。**例**：电子～具有存储和收发电子信息的功能，是互联网中最重要的信息交流工具。

【油箱】yóuxiāng　[名]装油的容器。**例**：这种～具有防腐蚀、抗撞击、不易泄漏等特点。

油彩　　油菜

【油彩】yóucǎi　[名]演员化妆用的含有油质的颜料。**例**：存放的时间太久，这罐～的颜色已经不够鲜亮了。

【油菜】yóucài　[名]一、二年生的草本植物，为我国南方主要油料作物。**例**：远远望去，田野里满是金色的～花。

油黑　　油墨

【油黑】yóuhēi　[形]黑里发光。**例**：周家村周围的山上都是～松软的酸性腐植土，特别适宜植物的生长。

【油墨】yóumò [名]供印刷用的着色剂。例：印制童书必须使用环保～。

淤血

【淤血】yūxiě [动]因静脉血液回流受阻,机体内的器官或组织内血液淤积。例：长期慢性肺～可致肺脏褐色硬化。
【淤血】yūxuè [名]淤积的血液。例：医生正在为病人清除伤口里的～。

园圃　　园囿

【园圃】yuánpǔ [名]种植果木菜蔬的田地。例：在乡村里,不时能看到精致而富有特色的民居和景色如画的池塘、～。
【园囿】yuányòu [名]供游玩的花园或动物园。例：站在离岸不远的船上,可以观赏全城的景色,能看到各处的宫殿、庙宇、寺观、～、树木。

园子　　圆子

【园子】yuán·zi ①[名]种花草果蔬的地方。例：正在做饭的大妈让大伯去～里拔一些葱。②[名]指戏园子。例：昔日的～与今日之剧场大不相同。
【圆子】yuán·zi ①[名]一种用糯米粉做成的有馅的食品。例：～也叫汤圆,是人们爱吃的食品。②[名]丸子。例：他非常喜欢吃妈妈做的肉～。

原形　　原型

【原形】yuánxíng　[名]原来的形状;本来的面目。例:真相被揭穿后,他便～毕露了。

【原型】yuánxíng　[名]原来的类型或模型。特指叙事性文学作品中塑造人物形象所依据的现实生活中的人。例:这位老人就是这部电影中主人公的～。

原意　　愿意

【原意】yuányì　[名]原来的意思;本意。例:这个设计方案与我们的～有点距离。

【愿意】yuànyì　①[动]因符合心愿而同意做某事。例:既然你不～帮我的忙,我就只能自己一个人做这件事情了。②[动]希望发生某种情况。例:如果你～,我就想办法给你弄一张参观票。

圆周　　周圆

【圆周】yuánzhōu　[名]形成圆形平面的边界线。例:质量相等的a、b两物块叠放在一起,随圆盘一起做匀速～运动。

【周圆】zhōuyuán　①[名]周围;范围。例:工程设计人员在工地～察看地形。②[形]圆满;圆全。例:她把话说得很～,大家也不好反驳。

远方　　远房

【远方】yuǎnfāng　[名]距离较远的地方。例:有朋自～来,不亦乐乎?

【远房】yuǎnfáng ［名］血统疏远的宗族人员。例：他去探望夫人那位～侄儿。

怨望　　愿望

【怨望】yuànwàng ［名］心中的不满或仇恨。例：她的眼神中时常充满着失望后的痛苦与～。

【愿望】yuànwàng ［名］希望能达到某种目的的想法。例：情感和～是人类一切努力和创造力背后的动力。

院子　　垸子

【院子】yuàn·zi ［名］房屋前后用墙或栅栏围起来的空地。例：他家有一个很大的～。

【垸子】yuàn·zi ［名］我国南方地区在沿江、湖地带围绕房屋、田地等修建的类似堤坝的防水构筑物。例：看着即将遭洪水围困的～，他们心急如焚。

芸芸　　沄沄　　纭纭　　耘耘

【芸芸】yúnyún ［形］众多的样子。例：这位诗人以一颗平常心,真实、自然、诗意地潜栖于～众生之中。

【沄沄】yúnyún ［形］水流动的样子。例：一江春水～流动。

【纭纭】yúnyún ［形］多而乱的样子。例：园子里全是～杂草。

【耘耘】yúnyún ［形］耕作兴盛的样子。例：春日～,秋日丰丰。

陨灭　殒灭

【陨灭】yǔnmiè ①[动]物体从高空掉下而毁灭。例：一颗流星～在远方的天际。②同"殒灭"。

【殒灭】yǔnmiè [动]丧失生命。例：一个气罐爆炸，～了17条生命。

运动

【运动】yùndòng ①[名]体育活动。例：他是一位体操～员。②[名]有组织、有计划、有目的的大规模的群众性活动。例：人人都要参加爱国卫生～。③[动]物体位置的移动。例：电源接通，机器便～起来。④[动]宇宙间物质的一切变化。例：一切物质都不能脱离～而存在。

【运动】yùn·dong [动]为达到某种目的而钻营奔走。例：他回国之后，便去～老同学，想在银行谋一职业。

运气

【运气】yùnqì [动]把力气贯注到身体某一部位。例：气功师正在教他们如何～。

【运气】yùn·qi ①[名]命运；气数。例：摇奖时有几个小队～不错，都获了奖。②[形]幸运。例：他真～，竟中了一等奖。

运转　转运

【运转】yùnzhuǎn ①[动]沿着一定的轨道运行转动。

例：地球是绕着太阳～的。②［动］指机器转动。**例**：这台机器～正常。③［动］组织、机构等开展工作。**例**：经过整顿,公司各部门开始正常～。

【**转运**】zhuǎnyùn　①［动］把运来的东西再运到别处去。**例**：这个臭气熏天的临时垃圾～点因毗邻居民区而遭投诉。②［动］迷信指运气好转。**例**：在过去六场足球联赛中他都没进过球,他期待在这场比赛中～。

Zz

杂税　　杂说

【杂税】záshuì　[名]旧指正税以外的各种苛捐杂税。**例**：清代以田赋、丁银为正税,对其他各税如盐课、茶课、榷酤、牙帖、当税、契税等,统称～。

【杂说】záshuō　①[名]各种说法。**例**：关于这件事情,街头～很多。②[名]零碎的论说文章。**例**：这本集子收录了鲁迅的～。③[名]正统学说以外的各种学说。**例**：他从大一开始阅读《资治通鉴》并对《易经》等～产生兴趣。

赃物　　脏物

【赃物】zāngwù　[名]用贪污、受贿、盗窃等非法手段获取的财物。**例**：～是违法犯罪分子的非法所得,往往通过一些不法商贩或以私人转卖的形式低价出售。

【脏物】zāngwù　[名]不干净的东西。**例**：施工人员从阴井中清淘出的～未能及时清运,气味难闻,影响了居民的正常生活。

造化

【造化】zàohuà　[名]自然界的创造者。**例**：大自然的～真是神奇,今天的科技再发达,也不可能造出像这样的奇观。

【造化】zào·hua [名]运气;福分。例:人和人真诚相处,建立起亲近友好的关系,是~;人与人争夺取相互厮杀,是祸患。

增值　　增殖

【增值】zēngzhí [动]商品或资产的价值增加。例:配套设施齐全的小区,房产~的潜力就大。

【增殖】zēngzhí ①[动]繁殖。例:无性繁殖是指不经生殖细胞结合的受精过程,由母体的一部分直接产生子代的~方法。②[动]生物体某一部分组织的细胞数目增加,体积扩大。例:细胞~是生物繁殖基础,也是维持细胞数量平衡和机体正常功能所必需。

占地　　战地

【占地】zhàndì [动]占据土地。例:新建的公园~面积近千亩。

【战地】zhàndì [名]两军交战的地方或接近交战的区域。例:~记者与死神相伴,报道战争最真实场景。

占线　　战线

【占线】zhànxiàn [动]电话线路被占用。例:他那里的电话打不进去,老~。

【战线】zhànxiàn [名]敌对双方军队作战时的接触线。借指思想斗争和生产斗争中各个不同的阵地。例:他长期工作在农业~。

丈夫

【丈夫】zhàngfū [名]成年男子。例:大~立志,穷当益坚,老当益壮。

【丈夫】zhàng·fu [名]男女两人结婚后,男子是女子的丈夫。例:左邻右舍都夸他是位模范~。

丈人

【丈人】zhàngrén [名]古时对老年男子的尊称。例:莫倚儿童轻岁月,~曾共尔同年。

【丈人】zhàng·ren [名]妻子的父亲。例:他带着妻儿去给~拜年。

照应

【照应】zhàoyìng [动]配合;呼应。例:老师提醒大家写作文时要注意前后~。

【照应】zhào·ying [动]照料。例:一路上乘务员对旅客~得很周全。

振荡　震荡

【振荡】zhèndàng ①[动]振动。例:这些天上证指数出现小幅~。②[动]电路中电压或电流能维持周期性重复变化的过程。例:大小和方向都随周期发生变化的电流叫~电流。

【震荡】zhèndàng [动]震动;动荡。例:五洲~风雷激。

振动　　震动

【振动】zhèndòng [动]物体的全部或一部分沿直线或曲线往复运动,有一定的时间规律和周期。例:这是一家集科研、开发、生产、销售~机械和输送机械为一体的新型高新技术企业。

【震动】zhèndòng ①[动]使人心不平静。例:我国航天技术突飞猛进,~了全世界。②[动]受外力影响而颤动。例:搅拌机强烈地~着。

针眼

【针眼】zhēnyǎn ①[名]针鼻儿。例:我好不容易才将线穿过~。②[名]被针扎过后留下的小孔。例:她的手背上有很多打吊针留下的~。

【针眼】zhēng·yan [名]睑腺炎的通称。例:你患了~,赶紧去医院就诊。

征候　　症候

【征候】zhēnghòu [名]发生某种情况的迹象、征兆。例:全国多数城市成交量出现反弹,让不少业内人士看到了楼市回暖的~。

【症候】zhènghòu ①[名]疾病。例：治疗这种～，在现在是极其平常的事了。②[名]症状。例：头痛是许多疾病的～。

征招　　征召

【征招】zhēngzhāo [动]招募；招收。例：网上有一则世界大学生运动会志愿者～公告。

【征召】zhēngzhào [动]征兵。例：文艺兵的～对象为地方艺术类学校优秀学员及应届毕业生。

睁睁　　铮铮

【睁睁】zhēngzhēng [形]睁大眼睛、定睛直视的样子。例：老人吓呆了，只能～地看着窃贼偷了东西后翻窗溜走了。

【铮铮】zhēngzhēng ①[拟声]形容金属撞击发出的响亮的声音。例：钟声～悦耳。②[形]坚贞、刚强的样子。例：这批年轻人凭着满腔热血已经铸就～铁骨。③[形]言词刚劲有力。例：方志敏言辞～，驳得敌人哑口无言。

蒸气　　蒸汽

【蒸气】zhēngqì [名]液体或固体因蒸发或沸腾后所产生的气体。例：水沸腾后变成～从而推动这台涡轮发电。

【蒸汽】zhēngqì [名]水蒸气。例：大量的～凝成小水滴从浴室的墙上流淌下来。

整风　　正风

【**整风**】zhěngfēng　[动]整顿思想作风、工作作风。**例**：1941年5月毛泽东同志在延安高级干部会议上作《改造我们的学习》的报告，标志着～运动的开始。

【**正风**】zhèngfēng　[名]纯正的风气。**例**：整风就是互相帮助，把歪风整掉，变为～。

整式　　正式

【**整式**】zhěngshì　[名]整式是有理式的一部分，在有理式中可以包含加、减、乘、除四种运算，但在整式中除数不能含有字母。**例**：$2x \div 3, 0.36 \times 5$ 都是～。

【**正式**】zhèngshì　[形]合乎一般公认标准的；合乎一定手续的。**例**：话剧《金大班的最后一夜》已～公演。

整数　　正数

【**整数**】zhěngshù　①[名]不含分数或小数的数，即零和带正号或负号的自然数。**例**：$-2, -1, 0, 1, 2$ 这样的数称为～。②[名]没有零头的数目。**例**：$10, 200, 4\,000, 5$ 万等是～。

【**正数**】zhèngshù　[名]大于零的数。对负数而言。**例**：$1, 2, 33, 55$ 都是～。

整体　　整休

【**整体**】zhěngtǐ　[名]指整个集体或整个事物的全部。**例**：我们全班同学团结得如同一个不可分割的～。

【整休】zhěngxiū ［动］一面整顿,一面休息。例:部队到达驻地后要～几天。

整休　　整修

【整休】zhěngxiū ［动］一面整顿,一面休息。例:部队到达驻地后要～几天。

【整修】zhěngxiū ［动］整治修理。例:这些水利设施需要～与更新。

正当

【正当】zhèngdāng ［动］正处在某个时期或阶段。例:～我离开停车场时,另一辆汽车撞到了我的车上。

【正当】zhèngdàng ［形］合理合法的。例:他的行为属于～防卫。

正规　　正轨

【正规】zhèngguī ［形］符合正式规定的或一般公认标准的。例:她的舞蹈动作受过～训练。

【正轨】zhèngguǐ ［名］正道;正当的途径。例:经过一段时间的磨合,这对小夫妻的婚姻生活终于走上了～。

正论　　政论

【正论】zhènglùn ［名］正确合理的言论。例:这是客观的看法,也是适时的～。

【**政论**】zhènglùn [名]针对时政问题发表的评论。例：这篇～观点鲜明、论述充分、结构严谨。

正体　　政体

【**正体**】zhèngtǐ ①[名]规范的汉字字形。例：异体字就是跟规定的正体字同音、同义,写法不同而能够被～所取代的字。②[名]拼音文字的印刷体。例：这几行字应该排～,不要排成斜体。③[名]正楷体书法。例：他在临赵孟頫的～。

【**政体**】zhèngtǐ [名]国家政权的构成形式。政体是与国体相适应的,中华人民共和国的政体是人民代表大会制度。例：自古以来,人们一直试图对纷繁复杂的～类型进行概括和分类。

正直　　正值

【**正直**】zhèngzhí [形]公正直率。例：小王为人很～。

【**正值**】zhèngzhí [副]适逢。例：～我在看书的时候,妈妈叫我吃饭了。

支出　　支绌

【**支出**】zhīchū ①[动]付出去;支付。例：明天开茶话会,工会准备～两千元。②[名]付出去的款项。例：我们要开源节流,尽量减少～。

【支绌】zhīchù [动]财力或能力难以应付。例:一个过河卒子,你要当他车、马、炮用,当然左右~。

指正　　指证

【指正】zhǐzhèng [动]指出错误或缺点,以便改正。例:我如果说得不对,请大家批评~。

【指证】zhǐzhèng [动]指认并证明。例:经目击者~,他们几个就是那天晚上抢劫金店的人。

至死　　致死

【至死】zhìsǐ [动]到死。例:春蚕~丝方尽。

【致死】zhìsǐ [动]导致死亡。例:有关部门正在查找河鱼~原因。

重话　　重活

【重话】zhònghuà [名]分量过重、使人难堪的话。例:父亲的几句~,竟然使大哥负气离家出走。

【重活】zhònghuó [名]费力气的体力劳动。例:那时在农场,我们干的都是些平整大田、挖渠和修水库的~。

主持　　住持

【主持】zhǔchí ①[动]负责掌握或管理。例:张欣同学~了今天的班会。②[动]主张;维护。例:全世界~正义的国家纷纷谴责侵略者的暴行。

【住持】zhùchí ①[动]主持管理一个佛寺或道观。例：这里是女道～，从不留客的。②[名]主持一个佛寺的僧尼或主持一个道观的道士。例：1987年，年仅22岁的释永信成为少林寺的～。

住地　　驻地

【住地】zhùdì [名]个人或家庭居住的地方。例：累了一天，回到～他们倒头便睡，连饭都顾不上吃。

【驻地】zhùdì [名]部队、地方行政机关或其他团体组织长期驻扎的地方。例：回到～，肖音向刘团长汇报了调查情况。

专机　　转机

【专机】zhuānjī ①[名]专门为某人或某事特别飞行的飞机。例：为了抢救伤员，民航部门开过几趟～。②[名]某人专用的飞机。例：美国国务卿结束了在我国的正式访问，昨天上午乘～离开上海回国。

【转机】zhuǎnjī ①[名]情况好转的可能或机会。例：服用了一段时期的中草药，他的病终于有了～。②[动]中途换乘飞机。例：坐民航班机去喀什需要在乌鲁木齐～。

专卖　　转卖

【专卖】zhuānmài ①[动]国家指定的专营机构经营某些物品，其他部门非经专营机构许可，不得生产和运销。例：世界上许多国家都实行过～,品种有烟、茶、糖、酒、火柴、棉花、石油等几十种。②[动]专门出售。例:这家商厦～各种品牌服装。

【转卖】zhuǎnmài　[动]把买进的东西再卖出去。例:他想～一台笔记本电脑。

专业　　转业

【专业】zhuānyè　①[名]高等院校或中等专业学校所分的学业门类。例:他在中文系汉语言文学～学习。②[名]产业部门中所分的各业务部门。例:我们车间属于精加工～。③[形]专门从事某一行业的。例:他家是养兔～户。

【转业】zhuǎnyè　[动]军队干部转到地方机关或企事业单位工作。例:张雨是一个～军人,来到工地之后,被选为大队长。

专注　　转注

【专注】zhuānzhù　[形]专心注意。例:李小明～地看书,连水壶的水开了都没注意到。

【转注】zhuǎnzhù　[名]六书之一。后人解释大有歧异,清戴震、段玉裁认为转注即互训,意义相同或相近的字彼此互相解释,故曰"转注"。例:～字由于意义联系密切,所以多连用构成双音节词。

转动

【转动】zhuǎndòng　[动]转身活动;身体或物体的某部分自

由活动。例：康复后,他的腰部~自如。

【转动】zhuàndòng ①[动]物体作圆周运动。例：地球围绕太阳~。②[动]使转动。例：小明用力~着一个铜质地球仪。

转向

【转向】zhuǎnxiàng ①[动]改变方向。例：当投资者对其他资产失去信心时,就会~,也许会投资黄金。②[动]改变立场。例：他不是那种因别人的观点而轻易~的人。

【转向】zhuànxiàng [动]迷失方向。例：今天心理测试的内容是潜意识里你会因为什么事情而~。

转载

【转载】zhuǎnzǎi [动]报刊上刊登别的报刊上发表过的文章。例：几种报纸都~了《人民日报》社论。

【转载】zhuǎnzài [动]把一个运输工具上装载的东西卸下来装到另一个运输工具上。例：几辆卡车正在~救灾物资。

庄家　　庄稼

【庄家】zhuāngjiā ①[名]赌博或某些牌戏中每一局的主持人。例：~通过诈骗赌徒的赌金捞钱。②[名]股票交易中持有大量流通股并能在较大程度上决定该股走势的股东。例：~的坐庄技巧中还包括一套如何调动和利用散户心理的操作技巧。

【庄稼】zhuāng·jia [名]地里长着的粮食作物。例：今年风调雨顺,～长势很好。

琢磨

【琢磨】zhuómó [动]雕刻或打磨玉石。例：经过精心～,一块粗糙的玉石变成了一只栩栩如生的玉蜻蜓。

【琢磨】zuó·mo [动]思索;考虑。例：为了解答这道难题,他苦苦～了一个晚上。

姿态　　恣意

【姿态】zītài ①[名]姿势;模样。例：他的体操动作的～美极了。②[名]对待事情的态度。例：对待坏人坏事,我们不能采取旁观的～。

【恣意】zìyì [副]任意;任性。例：因为缺少园丁,大花园里的花草树木～生长。

资力　　资历

【资力】zīlì [名]物力、财力或人力。例：该公司是大型生产企业,～雄厚,具有产品好、价格低、服务优三大优势。

【资历】zīlì [名]资格;经历。例：这次工程招标更注重考察投标单位的～和工程质量。

孳生　　滋生

【孳生】zīshēng 同"滋生①"。

【滋生】zīshēng ①[动]繁殖;生育。例:雨水较多,气温回升,都为这种隐翅虫的~提供了便利。②[动]引起;产生。例:十九世纪后半叶,欧洲文坛上除了批判现实主义继续存在外,还~出许多流派,如自然主义、象征主义、唯美主义等。

自持　　自恃

【自持】zìchí [动]自我克制欲望或情绪。例:他喝了几杯酒后便不能~,竟破口大骂服务员。

【自恃】zìshì [动]自以为有所依靠。例:奕䜣~权重位尊,又深得外国人信任,便放手扩展自己的势力。

自己　　自已

【自己】zìjǐ [代]本人。例:他向同学们叙述了~的苦难身世。

【自已】zìyǐ [动]抑制住自己的感情。例:中秋佳节来临,游子们思乡之情难以~。

自然

【自然】zìrán ①[名]自然界。例:大~的秘密是永远探索不尽的。②[形]不经人力干预而自由发展的。例:你别多问,到时~会明白。③[副]当然。例:这次会议内容与你有关,你~要去参加。

【自然】zì·ran [形]不做作;不勉强。例:他的举止非常~。

自传　　自转

- 【**自传**】zìzhuàn　[名]传记的一种。以记述自己的生平事迹为主。**例**：新凤霞是个演员，但她的～文章却写得十分真挚动人。
- 【**自转**】zìzhuàn　[动]星体绕着自己的轴心转动。**例**：地球～一周的时间是23小时56分4秒。

总览　　总揽

- 【**总览**】zǒnglǎn　[动]全面地看；综合地观察。**例**：中文核心期刊目录～。
- 【**总揽**】zǒnglǎn　[动]全面掌握。**例**：中国已～先进核电装备制造核心技术。

走进　　走近

- 【**走进**】zǒujìn　[动]走进去。指进入到内部。**例**：同学们悄悄地～病房，看望生病的老师。
- 【**走近**】zǒujìn　[动]靠近。指未进入到内部。**例**：一只老鼠小心翼翼地～放着蛋糕的小桌旁，只听一声猫叫，吓得拔腿就跑。

作法　　做法

- 【**作法**】zuòfǎ　①[动]施展法术。**例**：旧时代一些地方的人遇到旱灾便烧香拜龙，～求雨。② 同"做法"。

【做法】 zuòfǎ ［名］处理事情或制作物品的方法。**例**：大家坚决不同意你的观点和～。

作乐

【作乐】 zuòlè ［动］行乐；取乐。**例**：我们地质勘探队在野外工作之余,经常会凑些自编自演的节目,苦中～,调剂一下生活。

【作乐】 zuòyuè ［动］奏乐。**例**：鼓号乐队的～声,令人心神振奋。

作难

【作难】 zuònán ［动］作对；刁难。**例**：他的腿不好,你不要故意～他。

【作难】 zuònàn ［动］发动叛乱。**例**：公元 755 年 10 月,安禄山经过周密准备,决定～。

做工   做功

【做工】 zuògōng ①［动］干活；从事体力劳动。**例**：他小时候在地主家～。②［名］制作的技术或质量。**例**：这套衣服的～拙劣。③ 同"做功"。

【做功】 zuògōng ［名］戏曲中演员的动作和表情。**例**：曲艺的～同戏曲一样,可分"手、眼、身、步、法"等几个方面。